妈妈如何说，孩子才肯说出真心话

——亲子沟通必须掌握的80个应答诀窍

［韩］孙哲汉◎著　尚　馨◎译

中国妇女出版社

图书在版编目（CIP）数据

妈妈如何说，孩子才肯说出真心话：亲子沟通必须掌握的80个应答诀窍 /（韩）孙哲汉著；尚馨译.--北京：中国妇女出版社, 2017.2

ISBN 978-7-5127-1407-6

Ⅰ.①妈… Ⅱ.①孙… ②尚… Ⅲ.①家庭教育 Ⅳ.①G78

中国版本图书馆CIP数据核字（2016）第284610号

著作权合同登记号 图字：01-2016-3919

妈妈如何说，孩子才肯说出真心话——亲子沟通必须掌握的80个应答诀窍

作　　者：〔韩〕孙哲汉　著
译　　者：尚　馨　译
责任编辑：陈　元
封面设计：尚世视觉
责任印制：王卫东
出版发行：中国妇女出版社
地　　址：北京市东城区史家胡同甲24号　　邮政编码：100010
电　　话：（010）65133160（发行部）　　65133161（邮购）
网　　址：www.womenbooks.com.cn
经　　销：各地新华书店
印　　刷：北京通州皇家印刷厂
开　　本：165×235　1/16
印　　张：19
字　　数：231千字
版　　次：2017年2月第1版
印　　次：2017年2月第1次
书　　号：ISBN 978-7-5127-1407-6
定　　价：38.00元

前言
Preface

"问问孩子吧。"

不知从何时开始，这句话成了我经常向家长做出的叮嘱。作为从事小儿和青少年精神健康治疗的专科医生，从我15年的诊疗经验来看，这也成为那些重新认识到这句话重要性的父母采用的育儿指导方针。对于那些不知道该采取什么育儿方式的父母来说，向孩子提问可以说是一种解决方法。

父母为什么决定不了自己的前进方向甚至会走上错误的路呢？通过这段时间和无数父母的交流，我得出了以下几点结论。

第一，父母大都有依赖倾向。大部分父母都喜欢听听别人怎么说。别人可以是邻居大妈、亲戚、同学，也可以是其他生过孩子的妈妈等。当然，从别人那里听到的内容对育儿会有帮助。但是，别的妈妈给出的建议和指导在某种程度上是基于她们各自不同的育儿经验，原封不动地照搬是不可取的。因为她们的话往往带有一定的非专业倾向和主观性。如果死板地将这些专业的育儿信息用在自己孩子身上有时反而会令亲子关系变得更加恶化，这样的情况我见过很多次。

第二，父母大都有独断专行的倾向。某些父母认为自己的育儿方法完全正确，而他们的依据是"我生的孩子当然我最了解"。猛一听会觉得这是一个对孩子无私奉献、充满伟大母爱的妈妈，可实际上这个妈妈的想法相当危险和过激。需要肯定的是，孩子从出生的那一刻开始就已经具有了独立人格，获得了身份，即我们要确实明白孩子和自己是两个不同的人，没有任何人有权利因为孩子还未成年就不尊重他们。由于孩子总会有不足，所以父母的职责就是对孩子进行教育、指导。如果你也持这样的观点，那么在养育过程中会经常与孩子产生摩擦，等孩子到了青春期，他的反抗行为可能会带来严重的后果。

有一种方法可以一次解决以上两个问题，那就是“问问孩子吧”。我将这个非常简单的方法称为“提问式育儿（QUESTION PARENTING）”。提问式育儿的核心就是知道且理解孩子的内心。只有清楚地知道、理解孩子的内心才能培养好孩子，不是吗？为此，我们必须询问孩子的内心并且听取他们的回答。或许孩子没有痛快地给出回答，那也不必灰心，因为我们还可以从他们的表情、肢体动作、语气、态度等方面了解其情绪状态。比如，当你让孩子读一本书的时候，即使他没有明确表达出“我不想读你说的这本书”，但你从他假装干别的事装作没听到或者皱眉头的表情等都可以看出他拒绝的意思。

但是很多父母对于具体的对话方法，即问些什么、如何应对孩子的回答感到困难。如果你也遇到了同样的问题，那么可以将这本书当作预想问题集，试着解答一下。因为这本书里有详细的、操作性强的内容，能够为你提供很好的参考。

本书根据不同年龄段对主要的发展课题和核心主题进行了说明。第一章是4岁以下的婴幼儿时期，由依恋、游戏、满足、好奇心、关系五大主题构成。婴幼儿时期是孩子与妈妈或者第一照顾者形成稳定依恋关系及活跃地进行玩耍活动的时期。第二章是学龄前的4～6岁。这一时期，孩子在幼儿园开始与同龄人建立关系，语言能力得到提高，形成各种生活习惯。自尊心、挫折、朋友、情结、幸福是最重要的五大主题。第三章是童年初期的小学1～3年级，对应年龄为7～9岁。这一时期，学习成为重要的教育课题，勤奋、诚实、责任、道德等被初次要求。学校生活、朋友（同性/异性）、不安、才能、勇气等关键词是重要的主题。第四章是童年后期的小学4～6年级，对应年龄为10～12岁，同时开始进入青春期，学习和朋友关系变得更加重要，是梦想自己未来的重要时期。未来、学习、身体、异性朋友、困难等主题是这一时期孩子与父母的共同关注点，也是容易产生矛盾的领域。

写这本书的时候，我想起了不久前与一位妈妈的对话，在这里，给大家简单介绍一下。这位妈妈有一个患有ADHD（注意力缺陷多动障碍）的小学二年级孩子，我刚跟她说让孩子做些运动，她马上就问我是跆拳道好还是游泳好。我让她直接去问孩子，可是这位妈妈却一直向我提问。

“即使这样，哪一类对治疗更有帮助呢？”

“就ADHD来说，所有的运动都可以帮助孩子释放多余的身体能量，但是有很多研究结果表明，跆拳道等活动会更有帮助。不过重要的是要让孩子做自己喜欢的运动，因为只有这样孩子才会努力并且集中。”

“游泳不行吗？游泳不是更好吗？听说菲尔普斯也是通过游泳克服了ADHD，还拿了好多块奥运金牌呢。”

“这话没错，但最重要的是孩子的想法。4岁的孩子可能还无法很好地理解跆拳道和游泳本身，但9岁的孩子已经有自己的喜好了，所以请你问问孩子吧。”

“那就按老师说的学跆拳道吧，因为是个男孩。”

“我说的不是让孩子学跆拳道，而是让你去问问孩子。”

“啊——是！明白了。我一定问问孩子。”

问问孩子吧！问都不问就自认为完全明白了孩子的内心是一种傲慢和错觉。希望本书能让所有父母都成为提问育儿的达人。

于方背洞小诊所　孙哲汉　敬上

目 录
contents

PART 2
4～6岁

7~9岁孩子的心理关键词 · 144

PART 4
10~12岁

PART 1

4岁以下

对孩子来讲，妈妈到底是一种什么样的存在呢？妈妈是孩子初降人世遇到的第一个“其他”人，同时也是第一个跟他产生关系的对象。

这也是在与4岁以下儿童进行心理谈话时要首先掌握妈妈心理的原因。妈妈的心理状况影响着孩子的心理健康，是了解孩子心理的第一把钥匙。

4岁以下孩子的心理关键词

心理发展的基础在出生6个月之后形成

对刚出生的婴儿来说，饿了妈妈就喂奶，哭泣时妈妈就给予温柔拥抱，妈妈就是“救世主”“消防员”。每当遇到困难或者麻烦的时候，妈妈总是会马上出手帮助解决，妈妈就是这样一个令人感激的存在。出生后的最初6个月，孩子的睡觉、饮食、排泄非常重要，经过了这个时期后，孩子的心理发展基础形成了。孩子开始认妈妈，7～8个月时开始认生。认生是对陌生人产生警惕或者害怕的一种反应，也意味着孩子马上就可以正确区分出妈妈和其他人。从这之后到1岁的这段时间，是孩子与妈妈之间的依恋关系形成的基础。

12～13个月的孩子会发生一个重大变化，那就是“行走”。孩子在行走的过程中，视野和活动领域都变得开阔，对世界的探索正式开始。当孩子对探索感到疲倦或者害怕的时候就会去找妈妈，这都是为了休息和再充电。

婴幼儿时期的发展课题

依恋：0～3岁，孩子与妈妈之间依恋关系的形成对孩子将来的独立性会产生决定性影响。

游戏：如果说吃和睡是身体发育的基础，那么游戏就是精神发育的基础。

满足：如果孩子的言行与表情变得与平时不同，那么背后一定有原因。

好奇心：会问“为什么”，证明孩子的思考能力正在发展。

关系：2～4岁的孩子开始集中地建构关系。

孩子与出生后遇到的第一个“其他”人——妈妈的关系很重要。

随着自我意识的发展，孩子2岁时就会发表“独立宣言”。当孩子的想法和感受与妈妈不同时，他往往会耍赖。看到孩子耍赖不要感到惊慌，反而应觉得开心，因为这是孩子在通过“耍赖”表达自己的想法和感受。

到了3～4岁，孩子开始信任妈妈。孩子相信妈妈永远会疼爱关心自己，这种信任有助于孩子将来与他人相处，是孩子在与他人相处过程中产生信任的有力保证。如果孩子在这个年龄感觉到“原来妈妈不爱我、不关心我”，那么他就会开始怀疑和害怕；相反，如果孩子感觉到“妈妈很爱我、很关心我”，那么他就会有安全感。可见，妈妈是否爱和关心孩子在一定程度上决定了孩子的未来。

当然，现在没有父母会让孩子饿肚子，但是，对于像爱和关心这样的精神食粮，却有不少父母没有充分给予孩子。令人惊讶的是，父母并没有发觉自身的错误，还在用不适合的方法培养孩子。而育儿问题主要源于父母心理上的矛盾和内心的不满。

关键词 01
依恋

你正在和孩子建立一种稳定的依恋关系吗

所谓依恋是指想要亲近某个人的感情和行为。孩子想从妈妈那里获得依恋的行为是一种本能。0 ~ 3岁是决定孩子性格的重要时期，所以在这段时间里孩子对妈妈依恋关系的形成就显得尤为重要。如果能够在孩子3岁前形成稳定的依恋关系，那么孩子长大成人之后往往能够形成良好的性格和社会关系。

如果妈妈能够清楚了解孩子的各种需求并且给予积极回应，那么孩子在今后的成长道路上也会积极面对他人，性格活泼开朗；反之，如果妈妈不愿意了解孩子的各种需求，甚至在孩子提出要求时完全无视，那么就容易造成孩子在将来的成长过程中变得畏畏缩缩，不敢与他人进行面对面的交流，无法对他人产生信任。

如果我们仔细观察一下那些能够令孩子感受到稳定依恋的妈妈，会发现她们总能经常观察自己的孩子。她们会觉察出孩子发出的各种信号（声音、表情、动作、语言、行为等），比如今天孩子的表情是否比昨天开心，身体状况如何等，并且会针对各种表现做出合适的反应。同时，如果发现孩子做错了，也会进行一些合适的教育和引导。

总之，为了能让孩子形成一个良好的性格，拥有幸福的人生，妈妈首先要做到心境平和。只有心境平和的妈妈才能和孩子形成稳定的依恋关系。孩子对妈妈的感觉总是温暖、柔和的。就好像空中飞行的战斗机一样，每当需要加油的时候就会回到基地，而对孩子来说，妈妈就是那个“安全基地”。每当孩子在外面感到身心疲惫的时候，一边喊着“妈妈”一边被妈妈拥入怀中，在妈妈怀里休息一会儿之后，就好像加满了油的飞机一样，变得更有活力，能够飞得更远 。

那么，如何才能和孩子形成稳定的依恋关系呢？在这里，比较心理学家 Harry F. Harlow（哈利・哈洛）做过这样一个实验：他用铁丝和绒布各做了一个母猴子模型，做好之后在铁丝猴子模型的胸前挂了一个装满奶的奶瓶，然后把两个模型放到小猴子旁边。那么，小猴子更喜欢待在哪一只“母猴”身边呢？令人惊讶的事情发生了：小猴子只在饥饿的时候才到“铁丝母猴”那里喝几口奶水，其他时候都是与“绒布母猴”待在一起。

我们的孩子也是一样，除了吃他们还有更重要的需求——同妈妈进行温暖、柔和的肌肤接触。说得更具体一些，就是妈妈温暖的微笑、柔和的声音，还有温暖的怀抱。希望所有的妈妈都能和孩子形成稳定的依恋关系。

喜欢妈妈吗?

问问孩子“喜欢妈妈吗”。这个问题看似简单，可在了解孩子对妈妈的依恋程度方面却是最重要、最直接的一个问题。如果孩子与妈妈形成了稳定的依恋关系，那么他们自然会喜欢自己的妈妈。站在孩子的立场来看，这可以算是他们对自己喜爱对象表现出依恋的必然结果。对于孩子这种想获得妈妈爱和关心的行为，如果能得到妈妈的肯定，那么孩子在获得满足感的同时一定会更喜欢妈妈。

设想答案1

"嗯，喜欢。"

听到这个答案，完全可以判断出孩子对妈妈的依恋程度，如果孩子做出回答时面带微笑、表情灿烂就更能说明问题。在这里，如果从孩子嘴里得到"妈妈是世界上最好的妈妈"或者"特别特别喜欢"这样的答案，那么妈妈在育儿过程中付出的所有辛劳都会瞬间抛诸脑后。

应答诀窍

妈妈也要心情愉快地做出回应："妈妈也爱你。"在这里，如果用对孩子的爱称来代替"你"，将会使孩子感到自己被认同，并有助于他们自尊心的形成和独立性的培养。妈妈回应之后还要抱一抱孩子，通过妈妈的体温孩子会感受到满满的幸福，这些幸福的经历在成年之后会被时常回忆起，是一生中最值得珍藏的精神财富。

✔ "妈妈特别喜欢彩妍。你是妈妈的最爱。"

✖ "妈妈觉得你好像更喜欢爸爸呀。"

设想答案2

"不喜欢啊。"

听到这个答案，先不要急着失望，一定要了解清楚孩子的想法，所以需要向孩子再次提出这个问题。孩子的心情不同，答案也会不同。如果得到的是"讨厌妈妈"这个答案，那么很大程度上表明妈妈经常不去倾听或者无视孩子的需求。如果得到的答案是"我恨妈妈"，那往往表明妈妈不愿意倾听孩子的需求甚至否定孩子的需求。如果听到"我害怕妈妈"这个答案，那往往表明每当孩子提出需求时，妈妈都会生气甚至动手。

应答诀窍

根据孩子的不同答案，妈妈需要做出不同的反应。这个时候最好的反应是向孩子做出保证，不要开玩笑地说"妈妈生气了"这样的话。如果孩子听到妈妈的保证之后做出积极反应当然最好，但如果孩子做出的是一副不信任妈妈的表情，妈妈就要反省一下了。为了能和孩子形成良好的依恋关系，妈妈从一开始就要努力去获得孩子的信任。

✔ "妈妈也喜欢彩妍啊！从现在开始妈妈会努力了解彩妍的需求和想法的。"

✖ "妈妈生气了！妈妈本来最喜欢你了，以后也不喜欢你了啊，哼！"

妈妈可以离开一下吗?

如果孩子和妈妈之间能够形成一种稳定的依恋关系，那么即使孩子要和妈妈暂时分开，他也可以比较好地适应，因为他相信妈妈回来之后依然会疼爱、关心自己。反之，如果孩子和妈妈之间没有形成稳定的依恋关系，那么这个孩子就很容易有“分离焦虑”，无法忍受与妈妈分开，总想像口香糖一样黏在妈妈身上。

设想答案1

“嗯，妈妈去吧！不过要快点儿回来哟。”

这个答案来自与妈妈拥有稳定依恋关系的孩子。因为这样的孩子相信妈妈一定会回来，所以能够接受与妈妈暂时分离的事实。需要与妈妈分开时，这样的孩子经常会有以下几种反应：比如“妈妈，你去哪儿？”“妈妈，能带我一起去吗？”“和我多玩儿一会儿再走不行吗？”等。

应答诀窍

既然必须分开，那么妈妈就应面带笑容地回应孩子。最重要的是一定要让孩子知道不管妈妈去哪里最后一定会回来，回来之后还可以和他一起开心地度过每一天。由于孩子年龄小，不一定都能听懂，所以妈妈一定要把必须外出的原因仔仔细细地讲明白。如果妈妈能够在回来之后表扬孩子并且陪孩子尽情游戏的话就更好了。

✓ “好吧，妈妈出去一下就回来，你先自己好好玩儿，等妈妈回来再陪你一起玩儿。”

✗ “现在妈妈不在时你也能自己玩儿得很好，以后也可以自己一个人玩儿了吧？”

设想答案2

“不行。妈妈哪里也不可以去！”

这个答案来自没有与妈妈形成稳定依恋关系的孩子，这是他们的典型答案。对于比较执着的孩子来说，他们的分离焦虑更为严重。孩子不仅无法知道妈妈何时回来，也不确定妈妈是否真的还会回来。在这些怀有不信任的孩子心中充满不安，他们会有“妈妈是不是不喜欢我，所以要逃走了”“因为我不听话整天耍赖，所以妈妈不要我了”等不好的想法。

应答诀窍

一般这个时候妈妈都会觉得分离焦虑没什么大不了。如果你对孩子说“你怎么可以这样做？因为你，妈妈什么都做不了”，那么只会令本身就不安的孩子变得更加不安。这样的回答会让孩子觉得妈妈一点儿都不爱自己，同时还会加重分离焦虑。所以妈妈要让孩子知道你依然爱着他，向他承诺会再次回到他身边照顾他。

✓ “即使妈妈不在家也会想着志浩的，一会儿妈妈回来会和你好好玩儿，不要担心哟。”

✗ “妈妈无论如何都得出去，你也要习惯自己一个人！”

你也喜欢爸爸吗？

稳定的依恋关系仅存在于妈妈和孩子之间吗？答案是否定的。除了妈妈之外，当然还有爸爸。与妈妈形成的稳定依恋关系是孩子将来在与他人相处的过程中产生信任的基础，而与爸爸形成的稳定依恋关系可以帮助孩子在与权威对象的相处过程中形成比较圆满的关系。对于“你也喜欢爸爸吗”这个问题孩子会怎样回答呢？

设想答案1

"嗯，我也喜欢爸爸！"

如果和设想一致的话，"我也喜欢爸爸"就是我们希望的回答。与爸爸形成稳定的依恋关系是这一时期的另一个发展课题。有些孩子与妈妈之间的依恋关系很稳定，但与爸爸之间的依恋关系并不是那样。但是只有与爸爸也形成稳定的依恋关系，孩子才能在将来灵活、顺畅地与同性或者异性交往。特别是儿子，与爸爸之间的稳定依恋关系能让他建立正确的两性观念，并对自己性向的满足也会产生影响。对女儿来说，则可以预防她对男性产生反感或者恐惧。

应答诀窍

如果爸爸听到了孩子的答案，那么请抱抱孩子并且告诉他"爸爸也爱你"。这样一来，不仅让孩子确认了自己的感受是正确的，也再一次确认了爸爸对自己的爱。如果只是妈妈听到了孩子的回答，那么一定要把爸爸的心意好好地转达给孩子，这也是一个不错的方法。当然，如果之后爸爸能够再一次表达自己的心意就更好了。

✓ "爸爸也特别喜欢彩妍。彩妍是这个世界上爸爸最爱的人。"

✗ "是吧？爸爸是世界上最好的吧？比妈妈更好吧？"

设想答案2

"不，我讨厌爸爸！"

这个答案最直接地表现出了孩子对爸爸的感情。做出这样的回答往往是因为爸爸平时不能认真听取孩子的愿望，或者没有按照孩子希望的方式去行动。有时候因为孩子太爱妈妈也会给出"不喜欢爸爸"这个答案。

应答诀窍

先了解一下孩子不喜欢爸爸的原因，接下来一定要对孩子给出的理由表示认同，同时要表示歉意。千万不要纠缠于孩子给出的原因是对还是错，要抛开客观事实，对孩子的主观判断给予尊重。还有，虽然为人父母，该对孩子表示歉意时也要勇于表达。

✓ "原来彩妍是因为爸爸这么难过啊。"

✗ "哎哟，爸爸是因为喜欢你才那么做的呀。你为什么讨厌爸爸呢？无论你做什么爸爸都喜欢呀。"

设想答案3

“不喜欢也不讨厌。”

通过这个答案，可以看出孩子对爸爸毫无兴趣，也可能意味着孩子对爸爸不太了解。如果爸爸工作繁忙与孩子相处时间很少，孩子就会做出这样的反应。

应答诀窍

爸爸需要在以后拿出充足的时间与孩子相处，让孩子了解自己。首先需要确认孩子为何对爸爸毫无兴趣，是因为一起玩耍的时间很少还是因为从爸爸那里感受不到爱。如果孩子无法迅速给出答案，那么爸爸需要先伸出手并对孩子做出承诺：“让我们一起努力变得亲近起来吧。”

✔
“爸爸不怎么跟你一起玩儿，所以不太了解吗？”

✖
“爸爸一休息就陪你玩儿，就这样你也不了解爸爸吗？”
“既然这样，以后还怎么跟你玩儿？”

设想答案4

“有时候喜欢，有时候讨厌。”

这就是“矛盾心理”。这个答案也会出现在孩子对妈妈的看法上。通过这个答案可以知道，爸爸夸我可爱、满足我的要求时，我喜欢他；当爸爸数落我或者做出一些我无法理解的行为时，我就讨厌他。当喜欢的程度和讨厌的程度差不多的时候，矛盾心理就会出现。

应答诀窍

首先要了解一下孩子什么时候喜欢爸爸，什么时候讨厌爸爸，这是一个了解孩子对爸爸看法的机会。作为爸爸，要再想一想自己的什么行为令孩子讨厌，以后要减少这些行为。接下来还要试着追问是喜欢爸爸的时候多还是讨厌爸爸的时候多。如果孩子回答是讨厌的时候多，那么父母要认真地对待这个问题了。最后问问孩子“什么时候最喜欢爸爸”，得到答案后爸爸要努力多多创造这样的情境。

✔
“什么时候喜欢，什么时候讨厌呢？”

✖
“爸爸也一样啊，有时候喜欢你，有时候讨厌你。”
“喜欢的时候更多？还是讨厌的时候更多？不过说归说，你还是喜欢爸爸的吧？”

再见到妈妈开心吗?

相比与妈妈分离时的表现，孩子再见到妈妈时做出的反应更为重要。单是想象一下孩子再见到妈妈时笑着扑向妈妈怀抱的场景心情就已经很好了。可是，孩子再次见到妈妈时也不是特别开心甚至装作没看见是怎么回事呢？那往往意味着妈妈和孩子之间的依恋关系亮起了红灯。

设想答案1

“嗯，开心。”

与妈妈依恋关系稳定的孩子会给出这样的答案。因为妈妈在孩子心中已经树立起了一个令人感到舒服和温柔的形象，所以当孩子再见到妈妈时当然会非常开心啦。比起那些内心高兴表面上却因为难为情而无法尽情表现出来的孩子是不是更可爱呢？如果孩子还能问出“妈妈，我不在你身边的时候你都干什么了”，那么，这个孩子以后会更加对父母心存感恩。

应答诀窍

妈妈在与孩子再次见面的时候，当然也要面带灿烂笑容地去拥抱孩子，还要适时地跟孩子说“妈妈真想你呀”。然后就可以问问孩子在分离期间都做了什么，是怎么度过这段时间的。也许会有父母认为，每天都和孩子在一起，偶尔暂时分开一下有什么大不了的？事实并非如此。这个年龄段的孩子和妈妈再见面时的开心表现基本就可以确认他们之间有着稳定的依恋关系。进一步来看，如果孩子在爸爸下班回家时也会表现得很开心，这往往表明孩子在爸爸和妈妈那里都获得了安全感。

✔ “再见到彩妍，妈妈也很开心。”

✖ “真的吗？我们才刚刚见面也开心？”

设想答案2

“不开心。”或者“也就那样吧！”

给出这样答案的孩子处于一种无所谓的、非稳定的依恋状态中。这样的孩子好像并不介意与妈妈分开，所以与妈妈再见面的时候也不会在他的情绪上引起任何波动。就好像知道见面之后要再分开，分开之后又会再见面一样，表现得很淡然。有时候即使父母回来向他挥手打招呼，他也好像没看到一样只顾着做自己的事情。

应答诀窍

试问，有哪一位妈妈看到孩子一副无所谓、并不开心的样子心里会舒服呢？但现实还是要正视的。现在对于这样的孩子来说，妈妈在孩子心目中的地位并不高。妈妈在感到后悔之前应该先反省一下自己是否对孩子付出了真心。即使孩子给出了消极的反应，妈妈也应该用正面、积极的表现来让孩子确认妈妈对自己的爱。孩子也有可能在相当长的时间内无法相信妈妈的爱。现在是一个新的开始。让我们切切实实地体会妈妈与孩子之间愉快的相互作用吧。

✔ “妈妈再见到彩妍很开心，可彩妍好像并不是那样哟。”

✖ “真的不开心吗？那妈妈要再离开了。”

设想答案3

“讨厌妈妈。”或者“我恨妈妈。”

处于比较执着的、非稳定依恋关系中的孩子会对妈妈发脾气说出这样的话。孩子认为妈妈把他送到幼儿园，自己却在家玩儿得很开心。这样的孩子可能会缠着妈妈要求不去幼儿园或者与妈妈再见面之后就黏着妈妈，显示出与妈妈分开的这段时间里他的心里很不安。

应答诀窍

对于那些一见到妈妈马上就不断发脾气的孩子，很多妈妈都会表现出失望或者担心。如果站在孩子的立场上想一想，他看到妈妈与平时不一样的表现会感到不安。我们要记住，如果孩子无法相信妈妈对自己的爱，那么这一定是因为妈妈自身的表现而不是孩子。有两种方法可以让孩子切实感受到妈妈的爱，一是用语言说出来，二是用行动表现出来。

✔ “妈妈再见到彩妍很开心，原来彩妍不喜欢和妈妈分开呀。那我们现在开始好好地一起玩儿吧。”

✖ “你讨厌妈妈吗？妈妈好伤心啊。我不知道有多想你呢！”

设想答案4

“我也不知道。”或者“……”

处于一种混乱并且不安定依恋关系中的孩子不仅无法认识到自己的真实情绪，也会常常感到混乱。所以才给出“说不好”的答案或者干脆沉默不语。有时候孩子可能会跟妈妈说“我很想你”，但他说话时的表情并不愉悦或者有些胆怯，这往往表明孩子是担心妈妈生气才在无奈之下说这句话的。对这样性格胆怯、看着妈妈脸色行动的孩子，我们一定要关注他的非语言性反应——身体语言。

应答诀窍

如果孩子害怕父母怎么办？父母应该比任何人都清楚地知道这里面的原因。请想一想，有没有在夫妻吵架之后把火气撒在孩子身上？有没有在自己遇到烦心事时，孩子一不听话就情绪激动甚至打骂孩子？孩子怎么会毫无缘故地害怕自己的父母呢？所以这种情况下应首先安抚孩子，温柔地把孩子拥入怀中向他说声“对不起”。

“彩妍好像有些害怕妈妈呀，对不起。”

✖ “连这都不知道？看见妈妈是开心还是不开心啊？”

关键词 02
游戏

你的孩子在游戏的时候乐在其中吗？

所谓“游戏”是什么意思呢？顾名思义就是玩耍了。人类的天性是喜欢玩游戏。荷兰人类学家约翰·赫伊津哈就曾经定义人类为“游戏的人（Homo Ludens）”。特别是对未满4岁的孩子来说，游戏是构成他们生活的三要素（吃、睡、游戏）之一。如果说吃和睡主要是身体发育的基础，那么游戏就可以说是精神发育的基础。所以我们绝不能忽视孩子的游戏活动。对孩子来说，游戏就好像大人的学习、工作一样，是他们的兴趣所在。有兴趣的事情不用任何人催促自己就会去做，孩子也一样。儿时起就会自己玩各种游戏并且乐在其中的孩子长大后很可能会成为一个具有主动性和主导能力的人。

孩子通过游戏认识世界。比如玩滚球游戏，通过这个游戏，孩子可以很好地了解自己的活动能力以及球类的滚动特性。如果孩子知道了球会从高处向低处滚动的道理，那么他的认知可以说又上了一个台阶。不仅如此，在游戏过程中总会遇到一些问题，解决问题的过程，还可以培养孩子的实践能力和解决问题的能力。不知道各位有没有见过一些孩子玩积木的情形，从积木倒塌的经验中，孩子知道垒积木时要用又大又平的积木作为基础，这个过程可以让孩子明白事物和自然之间的法则。当然，在这之前，孩子需要经历无数的实践。圆圆的、滑滑的、坚硬的、柔软的、大的或者小的，如果想让孩子了解诸如此类的各种事物的属性，还有比游戏更有效的吗？

在了解社会分工方面游戏也是一等功臣。就拿同龄孩子一起玩的医院游戏来说吧，有当医生拿听诊器放在小朋友胸口的，有当护士的，还有当病人假装难受的，他们模仿各种各样的角色并且按角色行动着。通过互相交换角色，也能让他们慢慢学会站在对方的立场上考虑问题，学会照顾他人。当然，也有可能出现大家都想扮演医生等好的角色而争论或者散伙的情形。在教育孩子的过程中这种情况也是必不可少的，因为我们可以利用这个极为珍贵的机会让孩子试着自己去解决与同伴之间的矛盾。

孩子内心的需求也会通过游戏表现出来，特别是未满4岁的孩子，由于他们的表达能力还未完全成熟，所以很多时候会通过游戏来表达自己的想法和情绪。许多儿童心理治疗中心都把游戏作为治疗孩子心理问题的基本方法也是基于这个原因。如果父母在家能够仔细观察孩子游戏时的各种表现，那么对于了解孩子的心理会有很大的帮助，也能找到解决孩子问题的方法。父母不要忘记，游戏可以反映孩子生活中经历的一些事情和心理状态。

如果孩子长大了，他们会玩儿一些有执行顺序的游戏，比如掷骰子，那么你应该感到高兴。因为孩子现在已经发展到理解并且接受社会规则和习惯的阶段。需要遵守顺序才能做的游戏可以培养孩子的社会性，让他们学会遏制冲动和提高忍耐力。游戏在带给孩子快乐的同时也向他们提供了成长为社会一员的经验和机会。

Q5

玩儿得有意思吗？

对于这个问题，孩子会怎么回答呢？作为父母，我们当然期待孩子的答案是“当然有意思了”，因为游戏是最能提起孩子兴趣的活动。不过，如果孩子的答案是“没意思”或者“就那样”，妈妈就需要打起精神去观察一下孩子的状态了。因为孩子觉得游戏没有意思很明显是一个异常反应。

设想答案1

“嗯，有意思！”

这个答案说明孩子对游戏充满好感。现阶段，游戏可以说在孩子的活动领域中占有最大的比重。举例来说，就好像学生以学习为乐趣，职员以工作为乐趣，主妇以做家务为乐趣一样，孩子现在对自己的“工作”也是乐在其中。

应答诀窍

首先要让孩子知道看他玩游戏很开心，妈妈也很开心，然后再告诉孩子自己也很想和他一起玩游戏。这样做可以增强孩子的自信，还能加深妈妈在孩子心中的存在感。

✔ “看到志浩玩儿得开心妈妈也很开心。妈妈经常和你一起玩儿吧！”

✖ “是吗？那你以后一个人玩儿也没问题了吧？”

设想答案2

“全都没意思。”或者“就那样，没什么意思。”

我们可以认为，给出这样答案的孩子已经处于对游戏失去兴趣的忧郁状态。当孩子经历失去和剥夺的时候，往往会变得忧郁。其中，感到妈妈不爱我的失落感是造成孩子忧郁的第一大原因，失落感强的孩子总是表现得垂头丧气，或者对每件事都感到烦躁，行为叛逆。另外，剥夺感也会给孩子带来深刻影响。如果孩子平时总是被人称赞，可突然有一天发现自己也没什么能做好的事情，那么孩子此时的剥夺感会十分强烈。

应答诀窍

这样的孩子需要一些特别的游戏——能够体会到妈妈的爱与肯定的游戏。妈妈与孩子一边玩搭积木的游戏，一边称赞肯定孩子，即使孩子不小心弄倒了积木也绝不责怪他。孩子在进行各种尝试的时候，妈妈要给予表扬或者做出惊喜的表情。

✔ “你觉得玩游戏没意思啊，妈妈真郁闷。和妈妈一起玩个新游戏吧，一定会有意思的。”

✖ “你觉得没意思吗？那你觉得干什么有意思？”

设想答案3

“我更喜欢睡觉和吃饭。”

忧郁的孩子经常会给出这样的答案。即使孩子没有处于忧郁状态，那么肯定也是有需求没有得到满足。如果孩子回答喜欢睡觉，那往往意味着现在孩子的身心都很累；如果孩子回答喜欢吃饭，那往往意味着孩子的情绪没有得到满足或回应。“我更喜欢睡觉和吃饭”这个答案在某种程度上表明孩子在某些方面没有得到满足。

应答诀窍

这个时候，妈妈要向孩子表达出足够的爱，这比什么都要重要。为了满足孩子情绪上的需要，必须寻找其他方法。而这个方法正是游戏。总之，在孩子说出“玩游戏没意思”的时候，妈妈需要做的是要给孩子创造一个可以游戏的环境。需要注意的是，妈妈不能只对孩子说“你自己看着玩儿吧”，而应该对孩子说“咱们一起玩儿吧”。孩子和妈妈在一起玩儿的过程中，既可以感到快乐，又可以确认妈妈对自己的爱，孩子就这样在不经意间热衷于游戏。

✔ “我也喜欢睡觉（吃饭），不过现在还是先跟妈妈一起痛快地玩儿一会儿吧。”

✖ “只是睡觉（吃饭）怎么行呢？为什么讨厌玩游戏？”

设想答案4

“和妈妈一起玩儿比一个人玩儿更有意思。”

给出这样的答案，说明孩子认为与自己一个人玩儿相比，和妈妈一起玩儿才更快乐。无论玩什么游戏，跟妈妈在一起最重要，这反映出孩子的分离焦虑，或者反映出他和妈妈之间的依恋关系并不稳定。如果孩子处于不稳定的依恋关系中，他会认为整天都能和妈妈一起度过才更重要。

应答诀窍

这种时候，妈妈需要抽出更多的时间来陪伴孩子。除了一起玩游戏之外，还要经常拥抱孩子、和孩子对话，做家务的时候也要尽可能把孩子带在身边。因为只有这样才能让孩子充分感受到妈妈的存在以及确认妈妈对自己的爱，这之后孩子才能独自一个人开心地玩游戏。妈妈还需要多多研究什么样的游戏可以激发孩子的兴趣，要多尝试一些游戏工具和方法。

✔ “妈妈也觉得和志浩在一起玩儿很有意思。不过如果妈妈做家务时志浩能够自己玩儿就更好了。”

✖ “你怎么整天都只想和妈妈一起玩儿呢？妈妈也得做事啊！”

Q6

下次什么时候再玩游戏？

对于这个年龄段的孩子来说，他们的生活就是游戏。生活就是一天天的反复，同样游戏也会反复进行。如果今天游戏结束之后明天起不可以再玩游戏，孩子能接受吗？当然不能。所以即使现在游戏结束了，我们也要让孩子知道不久之后还可以继续玩游戏，这一点非常重要。

设想答案1

“一会儿再玩儿。”或者“如果每天都能玩儿很久就好了。”

这两个是一般孩子说出的典型答案。对于还没有准确时间概念的孩子来说，明天和后天都很遥远，所以他们当然会说“一会儿再玩儿”。有的孩子说游戏还没结束，这时我们要告诉孩子以后还可以再玩儿，这是暂时消除孩子游戏欲望的有效方法。

应答诀窍

要想维持与孩子之间的亲近感，最好的方法就是说一些能让他充满希望的话。或许你想说“在继续玩游戏之前先做一些其他的”，但是请你一定要忍住别说。这样的话等到孩子对其他事感兴趣之后再说也不晚。在进行有关游戏的对话时，不要转变主题。我们要用“妈妈以后每天都和你一起玩儿”这样的话来让孩子相信妈妈的心不变。

✔ “那一会儿吃完晚饭我们再一起玩儿吧。”

✖ “今天玩儿的时间已经够长了，明天再玩儿吧。”

设想答案2

“妈妈有空的时候跟我一起玩儿吧。”

这个答案听起来好像很为妈妈着想，可这样的表现并不怎么像小孩子。因为他正在考虑的不是游戏的主体——自己，而是妈妈。在妈妈有时间陪自己玩游戏的时候会向妈妈表示感谢，这样的孩子很乖，也很被动。但是乖巧的孩子也有缺点，就是不能很好地坚持自己的主张，缺乏自信。如果孩子能够光明正大地向妈妈提出“妈妈，和我一起玩儿吧”，这样的孩子才是拥有健康心灵的孩子。

应答诀窍

听到这样的回答，妈妈心里是否有些难受呢？借此回顾一下，自己有多久没有好好陪孩子玩儿了？对孩子来说，自己是不是让孩子感到害怕或者疏远？此时，不要夸奖孩子说“你真乖”，因为这样是在对孩子强调你要一直做一个孤独的孩子。当孩子想玩游戏时，请一定要陪孩子一起玩儿。

✔ “彩妍，你来决定吧。是一会儿吃完午饭再玩儿，还是晚饭后和爸爸一起玩儿？”

✖ “你能体谅妈妈可真乖啊！”

设想答案3

“不管什么时候，只要我想玩儿就请跟我一起玩儿吧。”

这是一个漂亮的回答。这个年龄段孩子的心理特征就是说话时“以自我为中心”。他们感觉自己就是世界的中心，希望任何人或事都能按照自己的意愿行动，所以就自然会产生只要自己想玩儿妈妈就可以陪着一起玩儿的想法。这个阶段的孩子还没有利己思想和利他思想的概念。

应答诀窍

妈妈要先答应孩子的要求，然后给他提出一些适当的限制条件。如果没有限制盲目地答应了孩子的要求，那么孩子可能会认为从今往后妈妈整天都可以和自己一起玩儿，做自己的游戏伙伴了。如果你以后没能做到，那么在孩子心中你就会成为一个不守信用的妈妈。我们需要让孩子知道什么时间可以和妈妈一起玩儿，什么时间不可以。

“好，妈妈答应你。不过妈妈工作或者很忙的时候彩妍也可以自己玩儿吧？”

“那样像话吗？妈妈也有很多事情要做啊，怎么能只想着你呢？”

4岁以下孩子对谈话没有回应的时候怎么办?

01 看着孩子的眼睛进行提问

当孩子不回应你的提问时，先不要急着责怪孩子，而要先检讨一下自己的提问是否有问题。你提问的时候是否能让孩子集中注意力听呢？最重要的是与孩子对视。如果你在提问时没有看着孩子的眼睛，那么你说的话就好像散在空中的噪声一样，孩子根本听不进去。在对话过程中要确认孩子是否准确地听到了问题。

02 一次只提一个问题

如果一次提出若干问题或者内容太多，孩子往往听不进去后半部分内容。对此，并不知情的妈妈会认为孩子不想对提问做出回应。

03 尽量多地活用肢体语言

单纯用语言表达自己意思的同时，请尽量活用肢体语言、手势和面部表情。这是能让孩子集中精力听你说话的最佳辅助手段。

04 避免在孩子进行其他活动时提问

当孩子在玩游戏或者进行其他活动时尽量不要进行提问。因为现阶段孩子的“注意力转换”能力还比较弱，不能做到停下现在正在进行的活动而去专心倾听妈妈说的内容。请妈妈在孩子结束现在的活动之后再提问吧。

最喜欢玩什么游戏？

如果孩子回答喜欢玩游戏，那么妈妈接下来可以问孩子“最喜欢玩什么游戏”。每个孩子的兴趣点不同，喜欢的游戏肯定也不同。妈妈可以通过孩子喜欢玩的游戏来了解孩子的特性和心理状态。

设想答案1

“我最喜欢恐龙游戏。”

说起恐龙，浮现在大家脑海里的一定是一个又大又强的形象。男孩尤其喜欢恐龙游戏，这表现出孩子的身体虽然还很弱小，但内心希望变得强大。能充分满足他这个愿望的玩具正是恐龙。恐龙之中，孩子们最喜欢的就是有着尖牙利齿、身体庞大的霸王龙。当然也有一些孩子更喜欢有着长脖子的草食恐龙。

应答诀窍

首先要肯定孩子的爱好。孩子的爱好得到肯定之后，不仅他自己会觉得开心，同时也会增加与妈妈之间的亲近感。可以试着问一下“你为什么喜欢恐龙呢”。不过这个问题要等孩子能够说出自己爱好的理由时才可以提出来。否则一不小心就会向孩子传达出负面信息：“看来我妈妈不太理解我为什么喜欢恐龙啊。”还需要避免说一些表示否定的话，比如”恐龙那种东西有什么好玩儿的”。

✔ “没错，恐龙又大又酷。”

✖ “为什么喜欢凶狠的恐龙呢？”

设想答案2

“我最喜欢打架的游戏。”

“打架”一词给人的感觉很负面，不过从孩子嘴里说出喜欢打架的游戏时父母不要惊讶。要记住，“打架游戏”只是个游戏，不是真正的“打架”。玩“打架”游戏反而能减弱孩子天生的攻击性。特别是能和爸爸在一起玩打架游戏就更好了。因为爸爸可以一边模仿打架的样子一边调节自己的力道，让“打架”仅仅是一种游戏。

应答诀窍

我们需要一边对孩子的爱好给予肯定一边培养他的自信心。最好还能加上一些叮嘱的话语。从一开始就不要表现出对孩子想法的轻视，不要失望或生气地说出“将来变成一个坏人怎么办”这样的话。因为这样一来孩子将来就不会再说出他的真实想法，很容易将真实感受隐藏起来，只说一些让妈妈高兴的话。

✔ “原来你喜欢玩儿打架游戏啊。我们志浩力气很大，玩儿打架游戏一定很有意思。但千万不能真的打起来哦！”

✖ “这么多游戏怎么偏偏喜欢打架的游戏呢？真的有意思吗？”

设想答案3

“我最喜欢画画。”

听到这个答案，大部分父母都会露出笑容，因为他们认为画画比恐龙游戏和打架游戏更有建设性、更有益。实际上，喜欢画画的孩子具有美术天分的可能性也比较高。但是一定不要期待这个孩子会成为一个天才画家。因为孩子喜欢画画不能说明以后就会成为画家，父母对此不能过于贪心和期待。

应答诀窍

妈妈要告诉孩子自己已经知道他平时喜欢玩什么游戏，也要告诉孩子他感兴趣的事情妈妈同样也感兴趣。听到妈妈这样说，孩子会明白对于妈妈来说自己有多重要，也会知道妈妈很理解自己，还会因为自己喜欢的妈妈也喜欢而感到开心。同时，妈妈还要对孩子进行激励，获得激励之后，孩子就会反复进行这个特定游戏并且乐在其中，这样这个特定游戏就逐渐达到了熟练的程度。

✔ “对啊，我们志浩特别喜欢画画。妈妈也一起画怎么样？”

✖ “不要光是画画，也玩儿点儿别的游戏。”

设想答案4

“我最喜欢在外面玩儿。”

请注意，这样回答的孩子往往是非常活泼好动的。比起待在室内，孩子更喜欢在室外跑跑跳跳。通过室外的各种游戏，他们可以探索世界，体验一些在室内无法体验到的新鲜事物。在外面还可以充分锻炼身体，一边玩儿一边感受快乐，所以孩子喜欢在外面玩儿是理所当然的。

应答诀窍

听到这个回答，妈妈要给予肯定，同时认同孩子活泼的性格。如果妈妈稍微表现出一点儿不喜欢的态度，孩子就会产生失落感：“原来妈妈不喜欢我在外面玩儿啊。”某些时候甚至可能会产生叛逆心理。所以妈妈试着以“外面哪里好玩儿”这样的提问来与孩子展开对话吧。妈妈应该经常和孩子一起到户外充分满足孩子的玩耍需求。只有这样，孩子才会理解为什么有些游戏只能在室外进行而不能在室内。

✔ “是吧？我们志浩是个活泼的孩子，所以特别喜欢在外面玩儿。”
“那你最喜欢在外面什么地方玩儿？公园还是游乐场？”

✖ “你为什么整天都想到外面去？在家静一静。”

你最想要什么玩具?

玩具是孩子心灵的粮食。如果说食物能够填饱孩子的肚子带来身体上的满足感，那么玩具就能给孩子的心灵带来满足感。也就是说，吃的材料是食物，游戏的材料是玩具。如果我们能够知道孩子想要什么样的玩具，那么就可以了解孩子的特性和心理状态。

设想答案1

“我喜欢汽车（或者机器人）。”

小汽车和机器人是男孩喜欢的具有代表性玩具。如果孩子毫不犹豫地就给出想要汽车或者机器人的答案，那么意味着孩子的性别认同正在逐渐形成。当然，也有许多女孩喜欢汽车或者机器人。这可能是因为性别认同还没有完全建立，或者个人的喜好存在差异。

应答诀窍

要对孩子的回答表示认同，这样孩子肯定会很开心的。同时要避免这样的提问：“你从什么时候开始喜欢玩具汽车的？”因为这样的提问会向孩子传达一种“妈妈连我喜欢什么都不知道”的信息。需要避免的类似提问还有“你不是喜欢动物玩具吗”，这个问题除了会让孩子感觉到“妈妈连我喜欢什么都不知道”之外，还会有一种被强迫的感觉。妈妈不合适的反应会令孩子变得爱生气或者畏缩。

✔ “是啊！志浩最喜欢汽车了。”

✖ “你怎么整天念叨汽车？”

设想答案2

“我喜欢洋娃娃。”

洋娃娃是女孩最喜欢的玩具。如果一个女孩喜欢可爱的洋娃娃，那么通过这一点可以知道她的性别认同已经开始确立。有些男孩也可能有女孩的特质，这种情形具有代表性的游戏就是娃娃游戏。但是这种现象一般只会持续一段时间，如果到了小学阶段，男孩仍然喜欢玩娃娃，那么父母可能会怀疑他是否有“性别认同障碍”。

应答诀窍

首先要对孩子的兴趣表示肯定，这样孩子的心情就会很好。如果做出这个回答的是一个男孩，父母需要首先接受并且肯定孩子的喜好，接下来再问孩子喜欢什么玩具。由于孩子年龄还小，有时无法正确区分男女，父母对此应该保持一种开放的心态，只要孩子有兴趣，无论喜欢什么玩具都很好。

✔ “这样啊，除了娃娃，你还想要什么玩具呢？”

✖ “洋娃娃是女孩喜欢的玩具呀！”

设想答案3

“我想要所有的玩具。”

听到这个答案，一心期待孩子会说出某种特定玩具的父母可能多少会有些慌张。但是请不要吃惊，大部分可以玩儿的东西孩子都喜欢。给出这个答案的孩子通常喜欢玩多种游戏。因为他们很热爱玩具，所以想把所有玩具都据为己有，于是会要求父母买很多很多玩具。孩子给出这个答案的想法就好像我们大人说想要挣很多钱一样。

应答诀窍

孩子喜欢玩具是理所当然的，即使他毫无原则地说喜欢每一件玩具，父母也要对他表示肯定，同时与孩子继续对话。要告诉孩子，你们不能给他买所有的玩具，让他选择一件最合自己心意的，这可以让孩子练习决定做事的优先顺序；让孩子放弃剩下的那么多玩具，可以让他练习节制欲望。但是父母要认识到，一旦问了这个问题，之后就要给孩子买一个新玩具。

✔ “即使都想要，你也有最喜欢的玩具吧？”

✖ “妈妈没钱，不能全都买给你。就挑一个吧。”

设想答案4

“我不需要玩具。”

这个答案有两个含义，一是孩子对现状感到满足，不需要新的玩具；另一个是对他来说，玩具之类的并不重要，他需要的只是妈妈的陪伴。如果是第一个含义，父母可能会觉得孩子真了不起、很懂事，但是这与孩子的年龄并不相符。这样抑制自己情感和需求的孩子就是所谓的“小大人”。如果是第二个含义，表明孩子希望父母能和自己一起玩儿。

应答诀窍

我们绝不能听完回答之后只是简简单单给一句“好，知道了”，而是应该先猜一猜孩子的真实想法。如果孩子现在处于情绪不佳的状态，那么请跟孩子说“不要这样，挑一个你喜欢的玩具吧”。如果孩子平时不经常跟父母说自己喜欢什么，那么妈妈可以选择一个孩子可能会喜欢的玩具并买给他，然后告诉他“下次给你买你自己选择的玩具”。

✔ “不需要玩具吗？你说一个吧，妈妈到时候和你一起玩儿。”

✖ “趁我说给你买的时候快点儿选一个吧，不然我真的不给你买了！”

关键词 03

满足

你的孩子现在感到满足吗?

所谓“满足”就是感到充实，什么也不缺。孩子在成长过程中获得的满足感相当重要。在充分的“满足”中成长起来的孩子和经常处在“不满足”状态中的孩子，两者的性格肯定大不相同。那么，孩子在什么时候会感到满足呢?

首先是生理方面的满足，主要是指吃饱、睡足以及排泄顺畅。其次就是心理方面的满足。心理能否得到满足主要在于是否能够在心情好的时候很好地克服偶尔出现的负面情绪。这里有一个很重要的事实——只有生理得到了满足才能追求心理上的满足。常常会有父母忽视孩子生理满足的问题，这绝对是错误的。正如孩子吃饱肚子不代表生理得到满足一样，丰富的物质也不一定会满足孩子生理和心理方面的需求。

那么，为了让孩子获得满足，父母到底应该做些什么呢?父母需要经常仔细观察孩子，孩子的行为和表情发生变化的时候就意味着有事情发生。很多父母说“这孩子哭得莫名其妙”，其实不是莫名其妙，更准确地来说应该是我们不知道孩子哭的原因。由于表达能力还不发达，当孩子出现负面情绪或者自己的需求没有得到满足时，有时只能用哭来表达。所以，尽可能地正确理解孩子哭泣的原因，并想办法替孩子解决问题，是父母需要做的。如果孩子是因为与妈妈分开感到不安而哭，那就尽可能让他不要离开妈妈，这很重要。如果孩子是因为积木倒了而哭，那就创造条件让他获得“成就感”。

能够让孩子获得满足感的另一个重要方式就是“接受与肯定”。“接受”就是认可孩子的特质和要求，“肯定”就是对孩子的想法和感情表示认同。因此，与禁止性（不行、不是等）的语言相比，许可性（好、当然了、不错等）的语言更要多说。与其让孩子“不要做什么事”，不如对孩子说“做些什么事吧”。例如，孩子吵闹的时候，我们不要说“别吵了”，而是要说“安静点儿吧”。当孩子想自己做些什么的时候，父母要让孩子看到允许的态度，这很重要。这样有助于孩子形成“过程比结果更重要”的认识。当孩子做事时，父母要相信孩子会做得很好，在见到父母之外的其他大人时，孩子也不会认生。当他们有需要的时候，会首先向父母寻求帮助。

我们不要忘记，父母的作用是帮助孩子学会自己处理各种问题，因此要具备一定的知识来判断孩子的行为是否与他的年龄相符。总之，一个孩子是否感到满足，关键取决于父母。

喜欢吃饭吗?

吃饭是人类生活的基本要素，孩子当然也不例外。只有吃好饭才能有力气活动，才能有精力思考，才能长高长大。不管我们如何强调心灵健康的重要性，孩子的身体健康仍然是第一位的，没有疾病或者能够很好地抵抗疾病。为了身体健康，首先应该考虑的是孩子是否好好吃饭。

设想答案1

"我喜欢吃饭。"

这个答案应该是父母最希望听到的，因为它可以让我们看到孩子很享受吃饭这件事。父母只是看孩子吃饭吃得香，就觉得自己的肚子也饱了。这个回答表明孩子是健康的，同时也表明他平时是很满足的。不过对于有些肥胖的孩子来说，除了吃饭，父母还是需要多研究一些有趣的活动来让孩子参与并乐在其中。

应答诀窍

要清楚地告诉孩子，因为他喜欢并能好好吃饭，妈妈很开心。还要告诉他，只有平时好好吃饭，身体才能变得健康结实。帮助孩子爱上吃饭、享受吃饭的方法有很多，其中之一便是"家庭餐"。也就是全家坐在一张桌子上，一边开心地聊天一边吃饭，这样孩子会变得期待全家人在一起吃饭。从孩子小时候起，父母就应该把"家庭餐"变成孩子的一种日常习惯。

✔ "嗯，只有像我们彩妍一样好好吃饭才能变得结实。"

✖ "即使喜欢吃也不能吃太多。吃太多会变成小猪的。"

设想答案2

"我讨厌吃饭。"

这个答案可能会令父母感到失望，不过这也是一个机会，可以让父母认真思考一下为什么孩子讨厌吃饭。是否自己曾经强迫孩子吃饭？是否自己因为孩子吃得太少而整天数落或者责骂孩子？有过类似经历的孩子哪怕只是听到"吃饭"这个词都会皱起眉头，使劲儿摇头。就因为那可恶的饭妈妈每次都唠叨自己。长此以往，孩子当然会讨厌吃饭。

应答诀窍

虽然这是一个令人失望的答案，不过父母还是要接受孩子的内心想法并且给予肯定，这很重要。在这之后再问孩子怎么做才能喜欢吃饭。当然，孩子对于这个问题很难马上做出回答。孩子讨厌吃饭大部分是由于吃饭过程中和妈妈发生了不愉快。妈妈总是要求孩子多吃一点儿，而孩子却不想再吃了。所以，营造一个愉快的用餐氛围是首要任务。

✔ "那怎么做你才能喜欢吃饭呢？"

✖ "其他孩子都能好好吃饭，为什么你就不行呢？"

设想答案3

“我不想吃饭，想吃好吃的东西。”

这个答案一点儿也不意外。可以想一下孩子为什么不想吃饭。可能是因为这个孩子偏食，也可能是因为这个孩子零食吃得太多。造成这个结果的责任首先在于父母，父母需要努力帮助孩子养成一个良好的饮食习惯。

应答诀窍

首先，了解孩子的喜好和饮食习惯是很重要的。问问孩子认为哪些食物好吃，是“饼干”“火腿”还是“牛奶”“面包”……要仔细倾听孩子的答案。了解之后就要开始对孩子进行正确的饮食习惯培养。首先要把零食等食物收起来，一段时间之后孩子自然而然地就不再找着吃了，当然这段时间之内父母也要和孩子一起不吃零食。这是最现实的解决方法。

✔ “是吗？那彩妍觉得什么东西最好吃？”

✖ “从现在开始，除了吃饭别的东西都不要吃了。”

设想答案4

“我肚子不饿。”或者“饭不好吃。”

这是一个令人有些吃惊的答案。孩子正处于需要好好吃饭慢慢长大的年纪，孩子却说肚子不饿，这多让人郁闷啊。而且，如果孩子回答“饭不好吃”就需要引起重视了，这个问题可能有些严重。也就是说，孩子的心理状态是“无力”的。由于缺乏活力，孩子的心理方面得不到满足，很有可能会产生抑郁情绪。

应答诀窍

这个时候问孩子“为什么肚子不饿”“为什么饭不好吃”没有什么意义。不过，可以确定的是在孩子心里出现某种负面情绪。这种情形有可能源自对妈妈的不满、心情低落、缺乏活力或者处于某种疾病发病初期等。这个时候最重要的是让孩子的心情变得愉快起来，妈妈可以和孩子一起到户外活动一下身体，做一些游戏。

✔ “那你想吃什么？妈妈给你做。”

✖ “为什么觉得饭不好吃？为什么肚子不饿？”

Q10

喜欢睡觉吗？

如果说吃饭可以给我们提供能量，那么睡觉就能让我们恢复体力。特别是对于4岁以下的孩子来说，睡觉不仅仅是让疲倦的身体得到恢复，还与成长密切相关。孩子在睡觉的时候身体会分泌生长激素，促进蛋白质合成，记忆和学习能力得到提高。同时，睡眠还能调节和消除孩子的负面情绪。这些就是孩子需要比成人睡眠时间长的原因。

设想答案1

“我最喜欢睡觉的时候了。”

这正是父母期望的答案。最开心的时候是白天做游戏的时候，最舒服的时候是睡觉的时候，这是最自然的事情。孩子在放松的心情下入睡，睡觉的姿势和表情也很放松安逸，并且醒来之后心情也很好，这是一种非常健康的状态。同时，这也是父母衡量孩子是否获得满足的一个尺度。

应答诀窍

跟孩子强调睡眠的重要性，同时要表扬孩子现在有一个良好的睡眠习惯。也可以向孩子提出以下类似问题，比如：“妈妈给你唱摇篮曲好吗？”“妈妈给你讲故事怎么样？”“和小熊娃娃一起睡高兴吗？”……这个年龄段的孩子基本都需要在妈妈或者喜欢的玩具陪伴下才能好好入睡，不过有些孩子也可以独自入睡。

✔ “妈妈也觉得睡觉的时候最舒服。看到我们彩妍睡得很香妈妈很开心。”

✖ “那么你以后试着自己一个人睡觉怎么样？”

设想答案2

“我还想再睡一会儿。”或者“我困了。”

听到这个回答，妈妈可能会有以下两个想法：“刚睡醒怎么又想睡？”或者“难道我没让孩子睡够吗？”那么孩子属于哪一种情况呢？如果孩子属于前一种情况，那么可能表明他的心理或者身体出现了异常，正向我们发出信号；如果属于后一种情况，那么我们就要重新检讨一下孩子的睡眠环境和睡眠时间等问题了。

应答诀窍

如果孩子没有睡够就醒了，那么他就会生气或者哭闹，这个时候父母最好装作没看到，忽视孩子的行为。此时因为孩子哭闹而生气或者责备孩子，只会在他心里堆积更多的不满。睡眠不足或者起床后还不精神都是造成孩子心情低落的因素，所以，父母重要的职责是要保证孩子获得充足的睡眠。

“好的，原来我们彩妍还有些累啊，那就再睡会儿吧。”

✖ “别睡了，你怎么整天就会睡觉？”

设想答案3

"我睡不着。"

听到这个答案会令人有些惊讶，这么小的孩子为什么会睡不着呢？失眠应该是大人才会有的现象，可事实上，失眠偶尔也会出现在孩子身上。最常见的原因是孩子对睡觉有恐惧感。"明天早上起不来怎么办？""睡着了就会永远和妈妈分开了。""我睡着的时候有鬼把我抓走怎么办？"……如果孩子有这些担心就无法入睡。

应答诀窍

妈妈要把自己希望孩子能够安然入睡的想法直接地传达给他。此外，再问一问孩子无法入睡的原因。意外的是，这个年龄的孩子会担心睡着后无法醒来。如果你的孩子也是这样，那么妈妈要告诉他："妈妈和爸爸会好好看着你的，不要担心，安心睡吧。"然后再找一些能够让孩子安然入睡的方法，比如，可以说："和妈妈一起睡怎么样？""要不要把你喜欢的狮子玩具放在你旁边？"

✓

"你怕睡着之后再也见不到妈妈了，所以很不安，是吗？"

✗

"即使睡不着也要睡！现在已经几点了！"

设想答案4

"我讨厌睡觉。"

"什么？这孩子讨厌睡觉？"作为父母，这个答案足以让他们大跌眼镜。孩子讨厌睡觉的最大一个原因是还想再多玩儿一会儿。他们认为一睡觉就不能再玩游戏了，游戏带来的快乐也会随之消失。讨厌睡觉的另一个原因是孩子不喜欢跟妈妈分开。因为睡觉就意味着看不到妈妈，所以会引起孩子的分离焦虑。

应答诀窍

对于不到4岁的孩子来说，即使你问他为什么讨厌睡觉，他也很难顺利地将内心的想法表达出来。这个时候妈妈要了解一下除了睡觉孩子更想做的事情是什么。如果孩子说"想跟妈妈再玩儿一会儿"，那么妈妈就先满足孩子的要求，和他再玩儿一小会儿，接下来再跟孩子解释为什么要睡觉。妈妈不要因为时间太晚而直接跟孩子说"现在该睡觉了，不可以玩娃娃"。

✓

"彩妍讨厌睡觉吗？那你想做些什么？"
"哦。原来彩妍还想再玩儿一会儿××游戏啊。不过我们睡觉之后才能不困，明天才能再玩××游戏啊！"

✗

"不行，现在时间不早了。"
"现在不睡觉的话明天就不能玩游戏。"

Q11

拉臭臭开心吗?

排便训练是孩子这一时期的重要课题。排便是孩子出生之后经历的第一个艰难过程，所以围绕着排便训练，妈妈和孩子之间也会产生很多矛盾。与希望痛痛快快结束“战斗”的妈妈不同，有时候孩子偏偏就不依照妈妈的意思进行。搞清楚孩子在进行排便训练时的心理活动是父母应该要做的。

设想答案1

“拉臭臭很开心。”

排便之后感到舒畅是很自然的事情，用这样的话把它表达出来正是健康情绪的表现。孩子排便的时候很开心，感到排便是重要的事情，还会感到“臭臭”“放屁”之类的词汇很有趣。充足的饮食、安稳的睡眠、顺畅的排便是能够让此年龄段孩子获得满足的重要条件。

应答诀窍

听到这个回答，妈妈要表扬孩子可以顺利排便，同时还要告诉他妈妈也跟他一样，让他有一种同伴意识。如果能再说一句“因为你好好吃饭，身体健康，所以拉臭臭也很顺畅”就更好了。这样就很自然地强调了健康生活的重要性。在孩子心情好的时候再次强调良好的饮食习惯的重要性，其教育效果会更好。

✔ “对，拉了臭臭之后很舒服，所以心情很好吧？妈妈也一样。”

✖ “是吗？看来吃得多拉得也多啊。”

设想答案2

“我讨厌拉臭臭。”

如果孩子给出这个答案，妈妈就要反省自己是否曾经强迫孩子进行排便训练。在排便训练的过程中，父母的强硬态度会对孩子性格的形成产生很大的影响。孩子会不断地感受到羞耻和愤怒，有很大可能会形成强迫型性格或者完美主义性格。当孩子感觉排便训练的过程很艰难的时候，就会变得讨厌排便这件事。

应答诀窍

对这个答案，父母不需要太吃惊，可以做出一个微微吃惊的表情，看看孩子做何反应。孩子会认为自己的想法已经完全传达给了妈妈。现在就需要和孩子一起寻找可以愉快地拉臭臭的方法了。可以给孩子出主意，比如：“下次拉臭臭的时候给你放音乐听怎么样？”“给你换一个更漂亮的便盆怎么样？”但是，妈妈最好不要说出“讨厌拉臭臭怎么办？不喜欢也要拉”这样责备的话。因为这些话会更加令孩子感觉到排便是一个难题。

✔ “拉臭臭没意思吗？下次拉臭臭的时候妈妈给你放音乐听怎么样？”

✖ “讨厌拉臭臭可怎么办？即使讨厌也必须拉臭臭呀。”

设想答案3

“我害怕拉臭臭。”或者“拉臭臭的时候疼。”

当有便秘或者感到疼痛时，孩子可能会给出这样的答案。排便时有过疼痛经历的孩子对于排便会产生恐惧，父母一定要留意孩子的状况。有些孩子会因为害怕掉进便盆里，还有些孩子感觉拉臭臭就好像丢掉了自己身体的一部分，因此害怕拉臭臭。

应答诀窍

当孩子把自己内心这些不好的感受真实地表达出来的时候，父母要做的就是接受它、理解它。妈妈可以带孩子去医院，也可以改变孩子的饮食。可是，孩子此时最需要的就是共情和安慰。但是，“害怕？有什么害怕的”“所以说我让你多吃蔬菜啊”这样教育式的口吻并不适用于这种情况，对孩子没有任何帮助。请提出一些能够让孩子安心拉臭臭的应对方案吧。

✔ “原来彩妍害怕呀。很疼吗？妈妈来帮你想办法让你不疼。”

✖ “拉臭臭有什么可怕的！一点儿都不可怕。”

设想答案4

“我没有臭臭。”

一般给出这个答案的孩子可能没有排便的感觉，或者虽然感觉到了便意却想憋着不去厕所，所以拉到裤子上的情况时有发生。这导致衣服变得湿漉漉的，散发出难闻的气味，有的孩子为了不让妈妈发现还会隐藏这件事。这些否认人类最基本生理需求的孩子正在经历一个心理难关。

应答诀窍

最难受的人其实就是正在憋着便便的孩子，所以千万不能着急。如果妈妈这个时候表现得很吃惊，无法自制地说出诸如“糟了，没有臭臭怎么办呢”这样的话只会让孩子更加不安。“不可能没有，别骗我了”这样的话不仅会增加孩子的心理负担，而且也否认了孩子本身的感受。这时候父母需要做的是真心地站在孩子的角度来表达自己的担心，让孩子内心安定。

✔ “没关系，什么时候想拉就告诉妈妈。”

✖ “真的一点儿都没有？实话实说。”

Q12

今天心情好吗?

这个提问可以让我们了解孩子对于“满足”有何想法。这也是一个适合在晚上或者睡前提出的问题。孩子在白天展现出来的各种面貌与妈妈对此表现出来的言行如果能互相配合融洽，晚上孩子便可以安稳入睡了。

设想答案1

“嗯，心情很好。”

这是个让人心情好的回答。当孩子自己表示心情好的时候，难道会有父母不高兴吗？一天之中大部分时间都过得很愉快意味着孩子对生活的满意度非常高。虽然也可能有某一时刻心情不好，但还是心情好的时候更多，所以最后总结就是“心情很好”。

应答诀窍

孩子的回答让妈妈的心情也跟着好起来，孩子也会很自然地认为“啊，我心情好妈妈心情也会好”。看到自己的心情对妈妈会产生影响，孩子也确认了自己在妈妈心中有多么重要。这个时候妈妈最好能再追问一下孩子一天之中什么时候心情最好，至于如何回答这个问题当然就是孩子的自由了。

“今天什么时候（或者做什么事）心情最好呢？”

✕
“每天心情都不错啊。没有心情不好的时候吗？”

设想答案2

“今天心情不好。”

听到孩子这样回答，父母可能会感到震惊或者慌张。妈妈可能会自责：“我今天到底做错什么了？”不过我们不要猜测，还是应该认同孩子的回答。对于孩子真实地表达出自己心情不好这件事我们反而应该感激，孩子没有隐藏自己的内心感受，我们应该感到庆幸。

应答诀窍

首先要接受这个答案并且表示自己也有同感，然后再问原因。如果孩子回答“心情差”，那么就问“为什么心情差”，不论孩子给出什么样的答案都要做好心理准备去接受。大部分孩子给出的答案是因为妈妈没有满足自己的要求。这之后就该问问孩子解决方法了。孩子通常会说出正确答案。至于全盘接受还是只是接受一部分就由妈妈自己来决定了。

“这样啊，原来彩妍心情不好啊。”
“因为什么心情不好呢？”

✕
“小孩子有什么心情不好？发生什么事了吗？”

设想答案3

"不清楚。"

如果孩子给出这个答案，那么就有两种可能性。一种是孩子自己不太清楚心情好还是不好，这说明孩子对情绪的分辨不够清晰；另一种可能性是孩子不想说出自己的真实感受，有一种想隐藏自己感受的倾向。

应答诀窍

上面两种可能性都要引起注意，如果怀疑是第一种可能性，那就再问孩子一次心情好还是不好。如果孩子还是回答"我不清楚"，那就不要再问了，妈妈可以替孩子表达出他的观点，对孩子加以引导。例如，可以跟孩子说："刚才挨骂了，心情好像不太好啊。"如果怀疑是第二种可能性，也要再问孩子一遍心情如何。如果孩子不回答，妈妈就继续问"心情好还是不好"。重要的一点就是要让孩子真实地表达自己的感受。

✔ "不太清楚吗？那再想想吧。心情好还是不好呢？"

✖ "怎么不清楚？现在是难过还是不难过？"

设想答案4

"妈妈心情好吗？"

这是个令大部分父母感到惊讶的回答。孩子没有回答妈妈的提问，反过来问妈妈心情如何，这孩子简直就是一个小大人。他认为妈妈的心情比自己的心情更重要，这往往表明孩子在抑制自己的情绪。

应答诀窍

首先要回答孩子的问题，然后妈妈再提出问题。与自己的心情相比，孩子对妈妈的心情更感到好奇，这说明孩子在看妈妈的脸色。妈妈的心情好自己的心情才能好，妈妈的心情不好自己的心情也不好。换句话说，孩子的情绪状态依存于自己的妈妈。所以，妈妈现在要做好心理准备来培养孩子的独立能力。首先要对孩子说的一句话就是："与妈妈的心情相比，你的心情更重要。"

✔ "妈妈心情很好啊。不过妈妈更想知道彩妍的心情如何。能告诉妈妈你的心情好不好吗？"

✖ "我问你心情怎么样呢，为什么突然又问我啊？"

关键词 04

好奇心

你的孩子好奇心强烈吗?

好奇心是未满4岁孩子的一个关键词。有了好奇心，才能对事物进行思考并付诸行动。从3岁开始，孩子的语言能力发展到了一定程度，他们开始不断问“为什么”，会问“为什么”则表明孩子的思考能力正在提高。通过问“为什么”，孩子解开了疑惑，渐渐了解了事物和自然，想要去搞懂各种现象的原因和结果。所以当你的孩子问“为什么天是蓝色的”的时候，一定不要嫌麻烦，反而应该感恩，“哇，我的孩子现在已经正式开始思考了啊”，这是一件开心的事情。“天当然是蓝色的，难道还是红色的？”“你到现在都不知道天是蓝色的吗？”类似这样的回答显得既轻蔑又过分。好奇心是孩子创造力的基础，父母不能把他们的创造力扼杀在萌芽之中。

因此，对于孩子提出的问题，妈妈要结合孩子的理解能力用简单明了的语言做出解释。妈妈也可以先问一下孩子的想法，不过最好能在孩子问出“为什么”的时候直接做出回答以满足他们的求知欲。如果孩子提出的问题不太好回答，那也需要简单地答复一下。

也许孩子不停地问“为什么”，即使这样妈妈也要一直回答他的问题。这是因为孩子除了想听到妈妈的回答之外，还希望妈妈能够持续关心自己，能跟自己说些什么。与正确答案相比，更重要的是妈妈能够有问必答，对孩子做出回应。孩子听了妈妈的回答之后会按照自己的思路去理解消化，他会从自己或者别人（比如幼儿园老师）那里寻找其他的解释，经历一个“反复试验”的过程。在这个过程中，他的认知能力，特别是与因果关系有关的认知能力会得到提高。等孩子满3岁后，妈妈最好能够基于孩子的理解水平先做个简单说明，在孩子自己进行思考之后再给出答案。

近年来，很多人主张想象力决定孩子的未来。超越基础知识的学习和运用，发挥想象力来创造新知识，这种创意性被认定是未来的成长动力。想象力是什么呢？归根结底，想象力是思考能力的一部分。同人类其他能力一样，想象力也是可以培养的。

想象力训练很简单，就是让孩子思考。共感觉（共感觉，英文原名为Synesthesia，心理学名词，指一种感官刺激会引起另一种感官的反应。它会从一种形态的感官刺激，如听觉，引发另一种形态的感觉，例如视觉或味觉等。）的灵活运用就是一个比较有效的方法。举例来说，当孩子背诵单词的时候，不要让他在纸上写或者大声朗读，而要让他在脑子里想象或者画出来，进行联想。再有，孩子念书的时候，先不要翻到下一页，而是先让他自己想象一下接下去故事会如何发展，这也是一个想象力训练比较有效的方法。接下去的故事孩子讲得如何并不重要，重要的是父母要在孩子讲完之后给予激励：“你讲得更有意思！”最后，父母还要经常问问孩子“为什么这么想”，这也是帮助孩子培养想象力的重要方法。

Q13

你对什么感到好奇？

这是有关好奇心的具体问题。让我们来了解一下孩子平时对什么事物感到好奇，对什么事物充满兴趣吧。如果孩子能够主动表达出自己对什么感到好奇是一件好事情，没有任何问题。否则，父母就需要直接向孩子提出这个问题，清楚了解孩子到底对什么感到好奇。

设想答案1

“所有的都好奇。”或者“很多都好奇。”

对知识充满好奇的孩子会给出这样的回答。由于对很多事物感到好奇，他们总是处于观察之中，对任何事物都不会走马观花。如果你的孩子给出这样的回答，那么作为父母现在开始就要做很多准备了。父母也要像孩子一样对知识充满好奇，对各种自然现象进行观察和研究。

应答诀窍

首先要对孩子给予肯定，因为孩子能有旺盛的好奇心是值得高兴的事情。之后妈妈就对孩子感到好奇的地方做出答复并问问孩子自己的想法。父母要接受孩子对知识的好奇并培养他的独立思考能力，为孩子创造力的发展奠定基础。父母绝不能对孩子表现出负面的反应，这很容易对孩子思考能力的发展产生不利影响。

✔ “我们志浩好奇的东西还真多呢。那你感到最好奇的是什么呢？”

✖ “你好奇的东西怎么那么多？真的都好奇吗？”

设想答案2

“晚上为什么会变黑？”

这是这一年龄段孩子最好奇的问题之一。到了晚上很多事物都会发生变化。房间里要打开灯，睡觉之前要洗漱换睡衣，有的还需要换纸尿裤。也有一些孩子会害怕天变黑。虽然接受了天黑要睡觉这件事，不过对孩子来说这件事真的令人很好奇。

应答诀窍

这个问题父母就真的不好奇吗？用符合孩子思考能力的语言给他们做一下解释吧。孩子可能会好像听懂一样点下头，但是也可能再问一次。那么父母依然要按照孩子的理解水平再次做出回答。不要嫌烦，不要生气，要简明扼要地耐心回答。孩子的好奇心可能会止步不前，也可能会继续增强，即使不是正确答案，也希望妈妈能够在自己所知范围内对孩子的提问做出回答。这会让孩子的想象力快速发展。

✔ “太阳公公晚上去睡觉了。只有等他睡醒了天才会变亮。”

✖ “你睡醒之后天就会变亮了。不要担心，好好睡吧。”

设想答案3

“没有什么好奇的。”

不是，这怎么可能。这么小的孩子不可能对世上所有事物都明明白白啊。孩子做出这样的回答可能是平时不太爱进行思考，也可能是对每件事都感到厌烦或者没有好奇的动力。所以妈妈对此要引起重视，反省一下自己是否经常打断孩子的话，是否对孩子的提问只是敷衍了事。

应答诀窍

让孩子看到你担心的样子，再给他一次提问的机会，问他是否真的没有感到好奇的事物。如果孩子仍然表示没有对什么感到好奇，那么也要接受他现在的状态，并用一些方法刺激他的好奇心。千万不要对孩子现在的状态进行批评或者责难，因为他当时可能真的没有对什么感到好奇。不过父母也不能就此感到安心，要引导孩子展现自己的好奇心。

✔ “那你到时候有什么感到好奇的事情随时问妈妈吧。”

✖ “你一个小孩子怎么会没有感到好奇的东西呢？”

设想答案4

“反正妈妈也不告诉我……”

孩子终于向妈妈吐露了心声。这是个聪明的孩子。这大多是因为近来妈妈对孩子每次的提问都没有认真回答或者对孩子提出的问题感到不以为然。“你为什么对这种事情感到好奇，总是提一些没用的问题呢？”这样的信息反复传达给孩子就会造成这种结果。

应答诀窍

希望父母对这个答案感到震惊，从中获得启发。妈妈在回答孩子的问题之前，首先应该向孩子道歉。对于自己好奇的事物，孩子期待能够从妈妈那里得到一个明确的答复，同时希望能够获得妈妈的关心和爱。如果妈妈正在忙碌，可以先请求孩子谅解，等有空再回答孩子，或者先简单地给孩子一个答复。今后如果孩子有好奇的东西，就可以放心地向妈妈提问了。

✔ “原来妈妈没告诉你啊。真对不起。现在有什么好奇的东西吗？”

✖ “那是因为妈妈太忙了呀！你现在问吧。”

Q14

为什么那样想呢?

对于孩子感到好奇的东西，妈妈认真详细的解答固然重要，可更重要的是让孩子的思考能力得到提高。为了满足自己的好奇心而对事物的方方面面进行观察和思考，这是孩子的特权，也是他的任务。妈妈最好能多问孩子一些与因果关系有关的问题。这个时候，与孩子的答案相比，他们努力思考问题的过程更重要。

设想答案1

“嗯……我不知道。”

对于这个时期的孩子来说，让他们思考理由可能有些困难。由于他们的认知能力还未发展完善，所以父母不用过于担心。哪怕孩子只是思考了一小会儿就放弃了也没关系。但是，如果他连一点儿思考的努力都不做，父母就要引起注意了。

应答诀窍

妈妈不要马上就做出回答，而是要强调让孩子自己去努力解答自己的疑惑。让孩子明白思考和想象的重要性就可以取得充分的教育效果。让孩子思考一会儿之后妈妈再做出解释。妈妈往往认为要给孩子讲出一个标准答案，这是一种错误的认识，妈妈要抛弃。如果孩子无法理解妈妈给出的解释而又提出问题或者说出自己的想法就更好了。

✔ “嗯，对原因很好奇吧？在妈妈告诉你之前能不能自己再想一想？”

✖ “你连这都不知道？再想想看。”

设想答案2

“妈妈告诉我吧。”

如果孩子对妈妈的提问很快做出了这个回答，那么原因大致有以下两种：一是孩子现在还比较依赖妈妈，认为妈妈的想法要比自己的想法更重要，反映出孩子这个时期的特征；二是孩子自信心不足，怕自己说错，所以向妈妈寻求答案。无论是哪一种原因，孩子对于妈妈的提问无法给出合适的回答是事实。

应答诀窍

首先劝导孩子再思考一会儿。如果孩子思考后的答案与上一次不同，妈妈先让孩子安心，告诉他会给他讲解或者接受孩子的要求。妈妈还要给孩子传达这样的信息：“妈妈会按照你的意愿清清楚楚讲给你听，不过妈妈还是希望先听一下你的想法。”如果孩子认真思考之后给出了自己的想法，那一定要给孩子大大的称赞。不过，如果孩子仍然不愿意自己思考只想听妈妈讲解，那就不要再进行劝导了，直接亲切地解释给他听吧。

✔ “好，妈妈告诉你。在这之前，彩妍再思考一下怎么样？”

✖ “你不会自己想想？一定要全都问妈妈吗？”

设想答案3

"嗯……因为晚上太阳公公不在。"

这真是个让人激动的时刻。还没到3岁的孩子能给出这样的回答简直就是个天才儿童啊。给出这个答案可能是因为孩子观察大自然的能力超强，也可能是从妈妈读给他的图画书中获得的知识。孩子能按照自己的想法进行思考并且给出答案是多么值得感恩的事情啊。当然，除了这个答案之外还可以有其他答案，比如"因为妈妈把灯关了"，这也是一个非常好的回答。

应答诀窍

增强孩子的自信心，尽情地称赞他吧。事实上，与增强自信心相比，更重要的是孩子在思考和想象的过程中感到开心。父母再向孩子提问并解释某种现象的时候，可以暗示他们有几种方法。虽然对于孩子来说这个过程可能有些勉强，也不是必须这样做，但这是一个机会，一个通过自然的生活对话来提升孩子想象力的机会，千万不要错过。

"哇，彩妍都很清楚啊。对，就是那样的。"

✕ "所以说，为什么太阳公公没有了呢？"

设想答案4

"就是那么想的。"

这个答案一出口父母多少会有些失望。青春期的孩子一般在被问到为什么做某件事情时会回答"就是那么想的"。可以理解为他们不怎么想说出原因或者懒得去想原因。可是这个答案从一个不到4岁孩子的嘴里说出来就有点儿问题了。请父母反省一下自己是否下意识地经常使用"就是那么想的"这句话呢?

应答诀窍

观察一下孩子的表情和语调。如果孩子真的好像很烦或者很生气问题就有些严重了，我们必须回过头去重新审视一下孩子与妈妈之间的依恋关系。如果孩子回答时表情没有什么不妥，那么妈妈就劝导他再想一想。不论孩子怎么回答，最好都能给予表扬。如果孩子没有回答，那么妈妈就提出几种自己的想法，用这种方式对孩子进行暗示。无论孩子同意哪一种想法都没关系，因为我们的目的是让孩子进行思考。

"就是那么想的？妈妈觉得好像是有原因的。彩妍再想想看。"

✕ "哪有回答'就是那么想的'？再想想吧。"

Q15

要妈妈告诉你吗？

无论何时，妈妈都要能担当孩子的老师。处在这个时期的孩子认为妈妈无所不知、无所不晓。所以当妈妈由于不知道而没有告诉他的时候，他不认为是妈妈不知道而是认为妈妈不关心自己。妈妈要时刻准备问这个问题——“要妈妈教给你吗”。这在妈妈解答之前也算是给孩子一个独立思考的机会。

设想答案1

“不要，等一下！我要自己想想。”

这样回答的孩子可以说是一个聪明坚强的孩子，缺点可能是太固执。不过，孩子要自己想一想，表明他的内心是精明强干的。无须妈妈帮助，想要自己试着解决问题，这种意志难道不优秀吗？即使孩子最终没能想出结果，最起码他经历了挑战和尝试，这都是有意义的。

应答诀窍

对孩子的回答，父母要给出肯定的反应。但是绝对不要强迫孩子说出正确答案。特别是“你这么聪明，一定会说对的”这样的话要绝对禁止。值得表扬的是孩子能够独立思考这件事，而说出正确答案并不是获得表扬的必要条件。父母应该对孩子做出的努力进行表扬而不是对孩子说出的结果进行表扬。在孩子思考的时间里，妈妈要耐心等待。

✔ “好，那志浩想想吧。”

✖ “好，我儿子那么聪明，一定会说对的！”

设想答案2

“好，告诉我吧。”

这样回答妈妈的孩子可以说是一个顺从型的孩子，妈妈说什么总是全盘接受。也就是说妈妈让他往东就往东，让他往西就往西，多少对人有些依赖，有时这可能会成为他的缺点。不过，由于这样的孩子会在意妈妈的语言和行为，所以妈妈对孩子的教育效果往往较高。

应答诀窍

既然妈妈已经先说出会教给孩子，那么这个时候再让孩子自己思考是不行的。因为现在孩子对妈妈即将说出的答案很好奇，所以一定要马上教给他。妈妈给出的答案可以有几种不同的方式，比如“因为天空中蓝色的光比较多，所以天空是蓝色的”“因为天晴，所以天空是蓝色的”等。孩子的想法会受到妈妈给出的不同答案所影响。重要的是，妈妈在给出答案之后一定要对孩子进行提问。

✔ “好的，妈妈告诉你，好好听哦。听完之后志浩也说说自己的想法。”

✖ “那你也自己先想一下吧。妈妈对你的想法很好奇。”

设想答案3

“妈妈每次告诉我的都是错的。”

不要对这个回答感到吃惊或者生气，孩子现在所想的内容已经超出了妈妈的设想。这可能是因为他从妈妈那里听到的内容与从爸爸或者幼儿园老师那里听到的不同。否则，可能是因为妈妈给出的回答真的有些荒唐。

应答诀窍

妈妈一定要慎重地依据孩子的理解程度认真做出回答。假如无论如何你想不到一个适当的解答，那就实事求是地承认自己不知道，然后再告诉孩子自己学习之后再给他解答。这本身对孩子也是一种教育。而且要说到做到，真的要努力学习之后告诉孩子答案。既然跟孩子约定好了，难道不应该遵守吗？

✔
“妈妈也不太清楚，等我看看书之后告诉你吧。”
“妈妈说错了，那现在志浩能告诉我吗？”

✖
“这个世界上哪有人什么事都知道啊？你不是也有很多事都不知道吗？”

设想答案4

“妈妈不知道，问问爸爸吧。”

在孩子心里，他认为妈妈什么都不太清楚，而爸爸是一个无所不知的能干的人。这说明孩子经常看到爸爸处于优势地位教妈妈的场景。因此，孩子就会认为，妈妈只是一个做饭、洗衣服、洗碗的人。这种状况需要改变。

应答诀窍

妈妈要逐渐改变自己在孩子心中的负面形象。不要想一次就能改变孩子的想法，而是将自己积极正面的形象表现出来吧。经常给孩子读书，经常让孩子看到自己读书。不过爸爸也不要把所有的家务事都交给妈妈，而要一起分担。

✔
“妈妈也知道。不过如果是比较难的问题，到时再问爸爸吧。”

✖
“不是的，妈妈知道的比爸爸还多呢！”

Q16

想试试看吗?

行动是好奇心的产物。孩子为了满足自己的好奇心就会去进行一些特定的尝试。举例来说，当他看到其他孩子从滑梯上滑下来，就会有这样的想法：“我也能像那个小孩一样滑下来吗？”或者“从滑梯上滑下来心情会是什么样呢？”……这些想法都属于好奇心。这个问题就是引导和鼓励孩子把这样的好奇心转移到实际行动上来。

设想答案1

"嗯，好啊。"

孩子正好想试一试，所以妈妈一发话就欣然应允了。有的孩子也会在妈妈同意尝试之前就积极地提出尝试请求。"妈妈，我可以试试吗？"如果不是危险的活动，那么妈妈是没有理由拒绝的。相反，有些孩子连请求都没有就已经跑去尝试了。这时妈妈需要做出适当的限制。

应答诀窍

与妈妈交换了肯定的眼神之后孩子就愉快地行动起来了。即使这次尝试行动的结果不是那么尽如人意，可尝试本身是有意义的，在将来成长的过程中，孩子会不断地进行挑战和尝试。奠定这块挑战基石的是妈妈的教育态度。无论孩子想进行什么尝试，父母都不能以危险或感到不安为理由来扼杀他的想法。当然，那些很明显的危险行为必须禁止，可是大部分时候，我们只需要加上一些叮嘱的话就足够了，比如"下来的时候小心点儿""别着急，慢慢来"等。

"好，快试试吧。"

✕

"真的吗？你自己能做好？"

设想答案2

"以后再试吧。"

说这句话的孩子正在犹豫。虽然也想试试，可不知为何信心有些不足。有些孩子会担心失败后不知所措，既然不能保证成功，那干脆就不去尝试，这样的孩子很可能是一个完美主义者。还有一些孩子比较胆小，同时自尊心又强，他们也会给出这样的回答。因为胆小所以不想去尝试，可是直接说出来又伤自尊，所以就回答说"以后再试。"

应答诀窍

给出这个回答的孩子心意已决，不过妈妈还是可以跟他说做不好也没关系，再劝他去试一下。如果孩子这次同意尝试，那就说明妈妈的鼓励消除了孩子心中的不安。可是如果孩子的回答是"不想试"，那就按孩子说的以后再试。另外，对于"因为害怕吗""怕做不到所以不想试吗"等问题，妈妈要尽可能小心提出。特别是当孩子认可妈妈的看法时更不能问这样的问题。因为这样可能会强化孩子对自己的负面认识："原来妈妈已经知道我是一个胆小鬼。对，我就是个胆小鬼。"

"好，那就下次吧。"
"不会也没关系，试一次怎么样？"

✕

"为什么？做不到吗？是因为害怕吗？还是怕做不到所以不想试？"

设想答案3

“不喜欢，走吧。”

孩子这样坚决的回答令人印象深刻。虽然孩子可能缺乏挑战精神，但他把自己的感受毫不犹豫地表现出来反而是好事。这样的孩子好恶分明，如果他真的对一件事没有兴趣，就会这样表现。如果他对某件事情产生了好奇心或者兴趣，会高兴地马上付诸行动，所以父母不用太担心。

应答诀窍

既然孩子已经明确表达了自己的意思，那就先表示认同。如果妈妈对这个回答多少感到有些遗憾，可以在不给孩子增加心理负担的前提下把自己的期待告诉他。不过妈妈最好不要用很直接的话表达出来，比如“妈妈让你试就试试吧”或者“别那样，试试看吧”等。因为这样直接的表达会让孩子生气，或者对自己没能答应妈妈的要求而感到伤心或灰心。

✔ “妈妈觉得如果彩妍去试试的话应该很有意思。”

✖ “别这样，试一次吧。为什么连试都没试就说不喜欢呢？”

设想答案4

“你不会批评我吧？”

这是最让人担心的回答。孩子害怕自己做错被妈妈批评。大概是因为妈妈之前说过几次类似“你连这个都做不好吗”这样的话。于是，孩子在做任何事情之前都会担心被妈妈批评，这样的孩子已经处于不安的状态下，并且严重缺乏自信。

应答诀窍

父母借这次机会令孩子彻底安下心来，再说一些能让孩子安心的话。如果这样仍然不能令孩子安心，就需要妈妈多讲几次。但是有些话会令孩子变得更加不安，所以绝对不能说“妈妈什么时候说过要批评你了”或者“你怎么像傻瓜一样莫名其妙”这样的话。如果孩子持续感到不安，妈妈就应该对自己的批评行为进行道歉。父母有时候也需要具备对孩子道歉的勇气。

✔ “不要担心，试试看吧。即使做不好妈妈也不会批评彩妍的。”

✖ “妈妈什么时候批评过你？妈妈没批评过你。”

关键词 05

关系

你的孩子与周围的人有良好的关系吗？

每个人都生活在与某人建立的关系之中。与父母之间的依恋关系可以说是孩子建立关系的开始。与父母形成稳定的依恋关系有助于孩子与他人建立亲密、正面的关系。所以，关系包含依恋，关系具有更广泛的社会意义。

人际关系、社会关系、异性关系等人与人之间的亲密和信赖是孩子感到幸福的必要条件。不过，在人际关系的形成上，感性方面的吸引非常重要，丝毫不亚于理性的判断。理性告诉我们要与某人建立深厚的关系，可是如果对对方产生了厌恶，这是一件多么痛苦的事啊。即使成人以后，我们每天仍然要穿梭于很多不同的关系之中，与同事的关系、与上下级的关系、与公婆的关系、与岳父母的关系、与邻居的关系等。

实际上，以上这些关系的基础工程应该在依恋关系形成后的2～4岁集中进行。这一时期的孩子开始从妈妈之外的朋友那里感受到关系，开始和朋友一起玩耍并且进行互动。如果对那些在一起玩耍的孩子进行观察，你会发现他们之间也存在着竞争与合作、矛盾与争吵、爱与嫉妒、接近与躲避等各种关系。

此外，孩子与其他大人之间的关系也开始逐渐建立。有的孩子见了同一小区的大人就跑过去打招呼，而有的孩子即使大人走过来夸他可爱他也不敢直视或者躲在妈妈身后不说话。等孩子上了幼儿园就开始与老师建立关系，有的孩子会积极提问以求得到关心和肯定，而有的孩子因为认生要过好久才能和老师进行对话。对于孩子来说，这就是他们各自不同的社会生活与人际关系的模式。

那么，为了孩子父母应该怎么帮助他们呢？因为良好的人际关系很重要，所以应该让孩子结交好朋友、只接触善良的大人吗？这是不现实的。父母不仅要帮助孩子建立良好的关系，还要告诉他们如何与不喜欢的人维持一种适当的关系。因为吵架也是一种关系，所以怎样做才能不使关系恶化，这也是父母应该告诉孩子的内容。

Q17

你最喜欢谁?

直接向孩子提出让他感到最亲近和最舒服的人到底是谁。我们设想的答案当然都是妈妈。可是，我们还是看看孩子直接给出的答案吧。即使妈妈与孩子之间已经形成了稳定的依恋关系，孩子也可能很意外地回答出另一个人。

设想答案1

“妈妈。”

这是非常理所当然的回答。孩子与妈妈一起度过了相当长的时间，两人之间形成了稳定的依恋关系，所以孩子的回答就是“妈妈”。妈妈是孩子来到这个世界上之后建立关系的第一人，孩子越喜欢妈妈，在将来的人际关系中越能够对别人采取正面的态度。

应答诀窍

对孩子的回答报以灿烂的微笑，用明快高昂的声音给予回应吧。回应时需要注意的一点是非语言上的沟通。语言表现与非语言表现越一致，孩子对妈妈的回应就越信赖。没有妈妈会带着不屑一顾的表情回应孩子说“是啊，妈妈也喜欢你”。同时，无论以哪一种方式回应，希望不要有妈妈在孩子说“喜欢妈妈”这句话时附加任何条件。

✔ “真的吗？妈妈也最喜欢志浩了。”

✖ “是吗？那从现在开始会更听妈妈的话了吧？”

设想答案2

“爸爸。”

不要慌张也不要嫉妒。哪怕孩子与妈妈之间已经形成了稳定的依恋关系，好好对待孩子的爸爸也是很了不起的。对孩子来说，能够陪他开心游戏的爸爸最有人气。所以，听到孩子这个回答妈妈反而应该觉得感恩和庆幸。与爸爸的依恋关系平稳、喜欢爸爸的孩子，其社会性和情绪会向正面发展。

应答诀窍

面部完全不带有任何的郁闷，妈妈应该为孩子和爸爸之间的良好关系而感到高兴。当然，爸爸也可以对孩子说“爸爸也最喜欢××了”。如果近来孩子和爸爸一起度过了很多快乐时光，那么孩子说出这个答案是可以理解的。即使妈妈和孩子在一起度过的时间更多也是这样。比起时不时要“唱白脸”的妈妈，这个瞬间，总是“唱红脸”的爸爸成为令人羡慕的对象。

✔ “是吗？我们彩妍最喜欢爸爸呀。除了彩妍，妈妈也最喜欢爸爸。”

✖ “哼，妈妈生气了！真的更喜欢爸爸吗？”

设想答案3

“奶奶。”

如果孩子是奶奶从小一手带大，那么这个回答是理所当然的。如果孩子的第一养育人（或者主要养育人）是奶奶，那么对于孩子来说奶奶就充当了妈妈的角色。因此，孩子回答最喜欢的人是奶奶意味着他和奶奶之间已经形成了稳定的依恋关系。可是，如果第一养育人是妈妈，孩子却说最喜欢的是奶奶呢？这可能表明孩子害怕妈妈。

应答诀窍

如果妈妈对于“奶奶”这个答案有些吃惊，那就问一下孩子什么时候喜欢奶奶，并观察孩子当时的表现。根据孩子的回答，妈妈能抓住与孩子变亲近的机会。如果孩子的回答是“什么时候都喜欢”，那么妈妈需要先给予肯定“是啊，奶奶真的很爱我们××啊”，说完这句之后再说一句“妈妈也真的很爱××啊”，用这句话来突出妈妈的存在感。请妈妈避免幼稚的数落。例如，“你怎么能喜欢奶奶多过妈妈呢”等。

✔	✖
“原来是这样啊。那么志浩什么时候喜欢奶奶呢？”	“比起妈妈，你真的更喜欢奶奶吗？妈妈心里很难过。”

设想答案4

“××小朋友。”

8~9岁的孩子做出这样的回答不需要太吃惊，因为他们上小学之后认识到朋友关系的重要性，开始结交好朋友。但是，不到4岁的孩子这样回答就令人感到有些意外了。很大的可能是因为孩子是独生子女感到无聊，或者爸爸妈妈不能陪他愉快地玩耍。又或者是因为他刚刚和××小朋友一起开心地玩儿过，因此会这样回答。

应答诀窍

问一下孩子为什么喜欢那个朋友，和朋友做什么游戏最开心，什么时候最喜欢朋友等。同时，对于能够和朋友友好相处的孩子，妈妈要给予鼓励。然后再提出这个问题：“喜欢××，也喜欢妈妈和爸爸吧？”如果孩子回答“是的”，那么就无所谓了；如果孩子回答“讨厌爸爸妈妈”，那就是比较紧急的情况了。这往往意味着孩子对爸爸妈妈有某种需求，而这种需求可能是快乐的游戏活动。

✔	✖
“是吗？我们彩妍真的喜欢××啊！”	“朋友对你怎么好了？比家人还好？”

Q18

你最讨厌谁？

孩子既有喜欢的人，又有讨厌的人。就在刚刚孩子最喜欢的人还是妈妈，可现在被妈妈狠狠批评之后，妈妈可能就变成了他最讨厌的人。这种无奈的情绪就是厌恶。孩子可能对同一个人一会儿喜欢一会儿讨厌，好恶轮流转换，有时候也能把喜欢的人和讨厌的人明确分开。

设想答案1

“妈妈。”

既喜欢妈妈又讨厌妈妈的孩子相当多。这就是“矛盾心理”。当妈妈爱我、照顾我、表扬我的时候，我最喜欢妈妈；可是当妈妈批评我或做出一些可怕的表情的时候，我就讨厌妈妈。如果这个孩子认为妈妈讨厌自己才发脾气，那么他讨厌妈妈的可能性就更大。

应答诀窍

先问问孩子什么时候讨厌妈妈。作为妈妈，只有知道了孩子什么时候讨厌自己才能做出改正，不是吗？事实上，我们可以预测孩子怎么回答这个问题。“妈妈生气的时候”“妈妈揍我的时候”“妈妈逼我吃饭的时候”等是常见的答案。偶尔孩子会笑着说最讨厌妈妈，这是他想跟妈妈开玩笑。这个时候不要生气，要跟孩子说：“妈妈知道你是在逗我玩儿呢。”也许孩子会笑着说“不是的”。

✔ “真的吗？那什么时候最讨厌妈妈？”

✖ “是吗？妈妈也有讨厌你的时候！”

设想答案2

“爸爸。”

这一时期的孩子对于妈妈的矛盾心理常常出现，可他们对于爸爸大体都是好恶分明。如果爸爸经常陪自己玩儿、不发脾气、很理解自己，那么孩子就会喜欢爸爸；如果爸爸发脾气很吓人，或者根本不陪自己玩儿，孩子就会讨厌爸爸。

应答诀窍

先露出惊讶的表情。这是因为妈妈既不能否认孩子的情感，又不能认可孩子讨厌爸爸的说法，所以妈妈不能对孩子做出直接否认的反应，例如说出“不能讨厌爸爸”等类似的话。妈妈不能因为答案不合自己心意就无视孩子做出的诚实回答。沉着冷静地问问孩子为什么讨厌爸爸、什么时候讨厌爸爸。如果得到了孩子的确切回答，妈妈可以用这样的话来结束这次对话：“妈妈会告诉爸爸让他改正。”

✔ “你最讨厌爸爸？”

✖ “爸爸知道了肯定会大吃一惊的。你应该喜欢爸爸呀！”

设想答案3

“弟弟（妹妹）。”或者“哥哥（姐姐）。”

有了弟弟妹妹之后，孩子们之间有时会为了得到父母的疼爱而展开激烈的争夺，这种时候哥哥或者姐姐会做出一些幼稚的行为，也会直接欺负弟弟（妹妹），以便引起妈妈的注意。对弟弟（妹妹）来说，如果被哥哥姐姐欺负，他们当然会说最讨厌的人是哥哥或者姐姐。

应答诀窍

首先要对孩子的感受有同理心，然后再问一下什么时候讨厌弟弟（妹妹）。相对于“都讨厌”这个答案，“他碰我玩具的时候”这个答案更好一些。这个时候，妈妈需要增强哥哥的优越感。妈妈可以跟他说：“弟弟（妹妹）现在不会说话，也不会自己吃饭，如果能快点儿像你一样就好了。”这样的话可以增强他的自豪感。而对于抱怨“哥哥老打我”的弟弟来说，妈妈可以这样说：“那是哥哥做得不对。不过让我们努力和哥哥好好相处吧。”

✔ “原来彩妍最讨厌弟弟（妹妹）呀。什么时候最讨厌弟弟（妹妹）？”

✘ “弟弟（妹妹）还小，所以才那样。”“你是姐姐，忍一忍吧！”

设想答案4

“我的朋友××。”

当朋友抢了自己的玩具或者被朋友打了的时候，孩子常常会给出这样的答案。当孩子很讨厌朋友时，甚至会有些害怕朋友。当朋友瞧不起自己的时候，孩子也可能会这样说。孩子有时也会讨厌比自己软弱的朋友。

应答诀窍

首先要对孩子的情绪有同理心。之后，既然知道了孩子最讨厌的人是某个朋友，那么问一下讨厌的原因是很重要的。回想一下孩子平时和那个朋友之间发生的事情。妈妈需要搞清楚孩子是因为被朋友欺负所以讨厌他，还是在一起玩儿时发生矛盾所以讨厌他。然后跟孩子说：“跟朋友好好相处看看吧。”用这样的话来督促他改变。如果孩子仍然对这个朋友表现出反感，那么最好在一段时间内不要再让他们一起玩儿了。

✔ “原来彩妍讨厌××呀。不过你为什么讨厌他呢？”

✘ “不能讨厌朋友啊。要跟朋友好好相处。”

Q19

你觉得最可怕的人是谁?

在厌恶之后，孩子感受到的另一种情绪就是害怕、恐惧。偶尔也会有孩子先感到恐惧然后再感到厌恶，害怕的对象大部分是打雷、闪电、巨大的轰鸣声等自然现象。可是，当孩子害怕的对象是某个人的时候，将给他的情绪发展带来很大的负面影响。

设想答案1

“爸爸。”

如果孩子不久之前刚刚被爸爸大声训斥过，那么十有八九都会说最可怕的人是爸爸。不过，即使爸爸不怎么训斥孩子，如果没能和孩子长时间待在一起，孩子也可能会觉得爸爸是最可怕的。害怕一个满脸胡须、不爱说话的高大的男人也许是理所当然的吧。

应答诀窍

孩子害怕爸爸这件事妈妈也不愿意看到。所以妈妈要告诉孩子如何调整情绪。问一下孩子什么时候觉得爸爸不可怕，如果回答是“爸爸跟我玩儿的时候”或者“爸爸给我买玩具的时候”等，那么至少今天要满足孩子的愿望。马上给爸爸打电话并且把孩子的话转达给他也是一种方法。如果孩子没有回答，那么就跟他说：“为了跟爸爸变得亲近，晚上我们三个人一起玩儿吧。”

✔
“爸爸最可怕呀！”
“那爸爸什么时候不可怕呢？”

✖
“不是的，爸爸一点儿都不可怕。你搞错了。”

设想答案2

“可怕的恶魔。”

如果孩子回答的是“可怕的恶魔”，那么就是因为以前听过的一句话深深烙印在了脑海里，那句话就是：“你要不听妈妈的话，那可怕的恶魔就会把你抓走。”这句话能让年幼的孩子产生“今天我没听妈妈的话，可怕的恶魔来了怎么办”的担心和苦恼。

应答诀窍

告诉孩子，虽然恶魔很可怕，但是他不会抓走听话的小朋友。孩子听了这句话能够安心就再好不过了，如果还是感到不安，那就需要努力想办法让孩子安心。同时妈妈要把自己的希望传达给孩子，即过去的就过去了，从现在开始要做一个听话的孩子。毕竟让孩子反省过去的教育效果并不好。

✔
“是啊，妈妈也害怕恶魔。”
“我们志浩是一个听话的好孩子，爸爸妈妈不会让恶魔来的。”

✖
“是啊，恶魔最可怕了。所以应该乖乖听妈妈的话。”

设想答案3

“妈妈。”

对于妈妈的可怕表情和语言，以及妈妈批评自己的场景，孩子的记忆更加清晰，真是个令人悲伤的答案。妈妈应该是孩子最喜欢、感到最舒服的人，现在却成了最“可怕”的人。听到这个答案，妈妈的心里应该不是滋味。如果妈妈感到委屈和困惑，那么希望能好好反省一下自己的育儿态度和行为。另外，我们应该感谢孩子能够把自己的内心感受真实地表达出来。

应答诀窍

不要怀疑孩子表达出来的感受，也不要问孩子“妈妈什么时候那么可怕了”？因为这句话里含有这样的信息：“是你太敏感，所以才觉得我可怕”或者“妈妈没有过什么可怕的行为，你这是说假话”，即意味着否定和责备孩子的感受。妈妈应肯定孩子的感受，之后再向他保证自己会更加努力改正。如果孩子对妈妈的保证是一副质疑的表情，那么情况就比预想的还要严重了。

✔

“原来志浩觉得妈妈很可怕呀。”
“妈妈什么时候最可怕呢？妈妈从现在开始改正。”

✖

“不像话！妈妈怎么可怕了？”

设想答案4

“姐姐。”或者“哥哥。”

与哥哥姐姐的年龄差距越大，就越容易出现这样的反应。生活中，兄弟姐妹之间的嫉妒和竞争是不可避免的。但是，如果孩子对哥哥或者姐姐的厌恶停不下来到了害怕的程度，那么就不能再放任不管了。也许姐姐说过“讨厌弟弟”，这与弟弟说的“害怕姐姐”是互相契合的。

应答诀窍

原封不动地接受孩子的感受，然后再问原因。类似“骂我”“打我”是时常出现的答案。这时妈妈应更详细地询问一下孩子什么时候被姐姐打骂了。如果孩子回答说“姐姐说我碰她的玩具”，那么妈妈的反应就很重要了。如果直接说“从现在开始不要碰姐姐的玩具”就太失败了。妈妈首先要告诉孩子姐姐哪里做得不对，然后再告诉他玩姐姐的玩具之前要先征得对方的同意。

✔

“姐姐可怕呀。为什么可怕呢？”
“姐姐为什么那样做呢？”

✖

“因为你先那样做的，所以姐姐生气了。”

你最想和谁一起玩儿？

这是继“你最喜欢谁”之后的一个重要问题。一般情况下，孩子都会回答想和最喜欢的人一起玩儿，可是如果在孩子的记忆里有和某个人愉快玩耍的经历，那么那个人也可能会成为他最想一起玩儿的人。比如邻居家的哥哥姐姐、幼儿园老师、阿姨、叔叔等。

设想答案1

“妈妈。”

对于这么大的孩子来说，妈妈既是照顾他的养育人，又是陪他一起玩儿的朋友。孩子总是和妈妈在一起聊天、一起玩游戏，因此，他往往更喜欢妈妈。而且，通过孩子的回答可以看出，妈妈了解孩子在游戏方面的需求，知道应该和孩子玩什么。

应答诀窍

妈妈要告诉孩子自己很开心，孩子也会露出期待的笑容。有的孩子也会直接说：“妈妈，那就快点儿跟我一起玩儿吧。”在这种情况下，即使妈妈再忙也应该马上放下手里的事情陪孩子一起玩儿。因此，妈妈应该在做好陪孩子玩儿的准备后再向孩子提出“你最想和谁一起玩儿”这个问题。“知道了，不过妈妈现在很忙，一会儿再跟你玩儿。”这样的话等于给孩子的热情浇了一盆冷水。

✔ “是吗？是啊，妈妈也想跟彩妍一起玩儿。”

✖ “是吗？妈妈现在不能跟你玩儿。以后和你玩儿。”

设想答案2

“爸爸。”

有的爸爸能够很好地陪孩子玩儿。虽然有天生就会陪孩子玩儿的爸爸，但大部分爸爸还是出于对孩子的爱，努力地想陪孩子玩儿好。这样的爸爸大体上都是从孩子还是小宝宝的时候就开始照顾他或帮他洗澡，洗澡过程中的接触让孩子对爸爸的亲近感得到提升。如果孩子在和妈妈形成稳定依恋关系的同时也能和爸爸形成稳定的依恋关系，这样的孩子往往会觉得爸爸是最好的玩伴。

应答诀窍

最喜欢的人是“妈妈”，最想一起玩儿的人是“爸爸”，这样的回答是最好的组合。从现在开始，妈妈好好观察一下爸爸是怎么跟孩子玩儿的。假装输掉摔跤游戏的爸爸，把孩子高高举起转圈儿的爸爸，看到这些就可以知道孩子为什么喜欢跟爸爸玩儿了。但是妈妈可以用与爸爸不同的方式陪孩子愉快地玩游戏。

“原来我们彩妍和爸爸玩儿得最好啊。爸爸也总是想跟彩妍一起玩儿呢。”

✖ “是吗？原来你喜欢和爸爸一起玩儿啊。不过爸爸平时很累，就周末玩儿吧。”

设想答案3

"我的朋友××。"

偶尔会有一些孩子从一开始就把妈妈放到一边，更喜欢和朋友一起玩儿。这样的孩子一般具有相当卓越的社交能力。和妈妈一起玩耍充分地满足了孩子的玩耍欲望，这之后孩子开始将关心的内容转移到朋友身上。也有人问会不会是因为和妈妈玩儿得不好，所以才去找朋友玩儿，不过这一年龄段的孩子还是更喜欢找妈妈，所以基本不会出现这种情况。

应答诀窍

首先接受孩子的答案。然后妈妈要多多观察孩子和朋友一起玩耍时的样子，看看朋友怎么做能让孩子开心、舒服。因为这样可以获得很多有关孩子性格的信息。对于那些回答"喜欢和朋友们玩儿"的孩子也是一样。绝对不能对孩子的回答表现出质疑或者失望。因为这样一来孩子就不再愿意对妈妈说出心里话了。

✔ "我们彩妍和××玩儿得最好啊。所以还想一起玩儿吗？"

✖ "朋友们？和爸爸妈妈一起玩儿不是更好吗？"

设想答案4

"姐姐。"

说实话，这个年龄的孩子也会因为兄弟姐妹之间的嫉妒和竞争而感到辛苦，所以最喜欢和姐姐一起玩儿的孩子是很幸运的。至少能看出来姐姐对妹妹很好，没有欺负妹妹。当然偶尔也会有一些孩子，哪怕常常被姐姐欺负也要整天跟在姐姐后面，这样的孩子一般社交能力比较强或者模仿欲望比较强。

应答诀窍

兄弟姐妹能够友好相处是每一对父母最想看到的场景之一。所以这个时候要把姐姐也叫过来，对她说："你妹妹说跟你玩儿最高兴了。妈妈看到你们玩儿得这么好也特别高兴。"并对姐姐提出表扬："你能跟妹妹好好玩儿，真乖啊。"

✔ "原来你很喜欢姐姐呀！对了，刚刚还和姐姐一起开心地玩儿呢吧？"
"你能跟姐姐好好玩儿，真乖啊。"

✖ "姐姐对你好吗？如果玩儿着玩儿着姐姐打你，一定要告诉妈妈。"

PART 2

4～6岁

4～6岁是孩子发展过程的中间阶段，这个年龄段处于幼儿到儿童的过渡时期。这一阶段所经历的最重要的发展过程就是社交能力。人类生活的基础就是4～6岁的时候得以完善的。

4～6岁孩子的心理关键词

幼儿到儿童发展的中间阶段，社交能力的扩展时期

出生后6～8个月到2～3岁，即与妈妈之间依恋关系全面形成的时期是奠定孩子社交能力基石的时期。这一年龄段的孩子开始区分陌生人，与妈妈分开会感到不安，不仅渴望妈妈照顾自己的身体，同时渴望妈妈的爱与关心，还渴望妈妈与自己的互动、游戏、对话等。如果妈妈能清楚地了解孩子的心理需求，那么孩子长大之后会与妈妈形成稳定的依恋关系，反之，就会形成不稳定的依恋关系。这些会对孩子的社交能力产生很大的影响，与妈妈形成稳定依恋关系的孩子把从妈妈那里感受到的正面信息作为基础，能够与其他人建立信任与合作的社会关系。相反，与妈妈拥有不稳定依恋关系的孩子，妈妈在他们心中的形象是负面的，所以他们在与他人交往的过程中也容易带有负面情绪。最后，如果孩子在妈妈的关心和努力之下已经与妈妈形成了稳

定的依恋关系，那么妈妈可以先松一口气了。不过，从现在开始，妈妈的面前又出现了一座需要翻越的“大山”。

3岁之后开始看出孩子社交能力的差别

3岁之后，随着孩子与同龄人之间的互动，他们具备了游戏的能力，从这时开始，可以看出每个孩子在社交领域中细微的能力差别。有的孩子能和别人友好相处不打架；有的孩子就要当队长，结果和别人打了起来；有的孩子则总是单方面被欺负。

这个时候，父母一定要给予适当的帮助。对于带有攻击倾向的孩子，父母在果断制止他行为的同时还要让他去学一些有助于减少内在攻击性的体育或者艺术活动。对于单方面被欺负的孩子，父母需要帮助他做自我主张练习，妈妈来扮演朋友或者再互换角色，就好像演戏一样来安排场景，这对孩子有很大帮助。对于那些不太合群、总想自己一个人玩儿的孩子，父母需要多给他提供机会，让他感受到与朋友游戏的乐趣。

如果想培养孩子的社交能力，第一，从幼时起就要尽可能地让孩子与同龄人交朋友，还要让孩子掌握解决朋友之间矛盾的有效方法。第二，要认真倾听孩子说的话，以便让他能够适当地做出自我主张。第三，当孩子做出攻击性行为或者冲动行为的时候，父母要果断制止。如果因为孩子年纪小就放任不管，就会发展成习惯，将来会成为朋友的攻击对象。第四，父母要把孩子培养成一个知道揣摩别人心思、为他人考虑的人。因为过于以自我为中心、过于自我的孩子很容易遭到朋友的排斥。

学龄前儿童的发展课题

自尊心：4岁之前的养育是孩子自尊心形成的基础。

挫折：挫折是孩子成长过程中无法避免的一环。

朋友：4～6岁全面地建立朋友关系。

情结：随着孩子逐渐地经历“矛盾”，可能会产生自卑情结。

幸福：这一阶段的幸福感会成为孩子今后人生的幸福坐标。

关键词 01

自尊心

你的孩子自尊心强吗？

所谓“自尊心”就是对自己尊重和热爱的心。一般来说，如果孩子在4岁之前能够得到父母满满的爱与关怀，那么他的自尊心就可以很好地形成。相反，如果孩子在4岁之前没能从父母那里得到满满的爱，那么孩子会因为缺乏自尊心而备受煎熬。

有自尊心的孩子对待每一件事都能积极进取，不害怕失败，即使失败也有力量可以重新站起来。因为他们拥有一颗可以带来期待和激励的热爱自己的心，再给自己一次机会一定会做好。可是没有自尊心的孩子会如何呢？“我不能做好那件事”“我不行”类似这样的挫败意识会牢牢地束缚他们。这样一来，只要遇到一点儿困难或者预感要失败的时候，干脆就不去尝试了。如果无奈之下去尝试了并且失败了，就坚决不会再去挑战尝试了。因为“我就说嘛，我还是不行，是个窝囊废”这样的负面自我认识会瞬间充满他的大脑。

自尊心强的孩子与自尊心弱的孩子之间的差别更加明显地显现出来。自尊心强的孩子对于自己所做的事情非常满足，而且大部分的事情都努力地想自己解决。虽然他们认为父母的忠告和指示很重要，但总是根据自己的判断做出最终决定。当然，他们在需要接受他人帮助的时候，也不会犹豫。

人们经常会把自尊心强和自负心强混为一谈，自负心强的人对别人的评价和目光很敏感，不太愿意向别人请求帮助。因此，自尊心强比自负心强要正面。因为未来社会发展需要的是那些知道自己的不足并且能与他人和谐相处的人，而不是那些自命清高、唯我独尊的人。

那些自尊心弱的孩子由于缺乏自己想去做些什么的自我主导性，所以总是向别人寻求帮助，特别爱找妈妈。希望妈妈能够代替自己做事情，每一件事都要寻求妈妈的许可。这是因为万一事情没有做好，他可以辩解说："不是你让我这么做的吗？"并且，为了保护自己弱小的自尊心，他们经常会把责任推给别人或者找一些借口。这样下去他们会变成对每件事情都有诸多不满、整天爱生气的孩子。

你喜欢做什么？

对于这个年龄段的孩子来说，“喜欢谁”之后重要的是“现在喜欢做什么”。这个时期，孩子的兴趣点开始逐渐显现，我们以此可以估测出他们将来的能力和发展方向。孩子喜欢什么在于他们的性格，同时也受到父母的教育态度和价值观的影响。无论哪一方面都无所谓，重要的是孩子是否具有喜欢某种东西的心。尽情地做自己喜欢的事情时，孩子的自信心一定是快速增长的。

设想答案1

“读书。”

这个好像是妈妈非常爱听到的回答。孩子说喜欢读书，还有比这更好的回答吗？这一年龄段的孩子好奇心非常强，他们从听妈妈讲故事当中逐渐脱离出来，开始希望自己能够看书。当然，这个时期孩子还不认识多少字，所以妈妈还是应该设法给孩子讲故事。

应答诀窍

妈妈对这个答案要给予赞同。通过读书可以满足孩子的好奇心，还可以拓展视野，在孩子心中树立起阅读的积极作用非常重要。偶尔会有一些父母在孩子犯错的时候把读书作为对他们的惩罚，这是非常愚蠢的教育方式。即使不把读书作为奖赏孩子的方式，也不能把读书作为惩罚孩子的方式，这样只会让孩子对读书感到厌恶。

✓
“妈妈以后会更多地给你读喜欢的书。”

✗
“即使喜欢也别只看书，也跟朋友玩一会儿。”

设想答案2

“打游戏。”

这个答案可能让妈妈有些失望。还没上学就已经最喜欢打游戏，真是让人深深地叹一口气。可是，与读书相比，孩子往往更喜欢打游戏是理所当然的。如果孩子给出了“喜欢打游戏”这个答案，父母首先要自我反省一下，让这个年龄段的孩子接触到电脑游戏的最终责任人就是父母。

应答诀窍

首先要认可孩子的回答，然后再提出一些能够引导孩子将兴趣转移到其他活动上的问题。由于孩子已经感受到了游戏的乐趣，所以不能盲目地禁止或者批评。如果妈妈用“你现在就喜欢打游戏了？从现在开始不能再玩儿了”这样的语言来禁止孩子继续玩游戏，他们会感到不可理解，只会觉得妈妈在强迫他们。

✓
“嗯，我们朱元喜欢玩游戏啊。”
“玩游戏是有意思，可是和妈妈一起读书也挺有意思的。”

✗
“你这么个小孩子还打游戏。”
“光玩游戏的话会变成傻瓜的。”

设想答案3

“和朋友一起玩儿。”

一般社交能力好的孩子会给出这样的答案。因为读书或者打游戏基本都是一个人进行的活动，而和朋友一起玩儿则是一种互相融入的活动。喜欢和其他人在一起互动的孩子大部分都性格外向、活泼、人缘儿好。这个答案可以说是非常健康的、孩子式的回答。

应答诀窍

先告诉孩子他的想法很好，然后再加上一句类似这样的话：“小孩子都喜欢和妈妈一起玩儿，你已经长大了，能够找到和朋友一玩儿的乐趣了。”这句话是告诉孩子他们的精神发育已经到了一定程度。最好能再提出一些有关和朋友玩儿的问题，以便使亲子对话进行下去。只有提出孩子感兴趣的问题，对话才能够进行下去。

✔

“和朋友一起玩儿那么有意思吗？”
“朋友之中和谁在一起玩儿最有意思？”

✖

“唉，不过还是和妈妈在一起玩儿更好吧？”
“以前你喜欢的只有妈妈！”

设想答案4

“没有什么喜欢的。”

真是个让人担心的回答。只要是孩子，一般都会有自己喜欢的事物。这样的回答往往意味着孩子的热情不够或者心情不好。如果刚刚受到批评，所以心情不好，这个可以理解；但是，如果心情与平时无异，还是给出这个回答，父母就该苦恼了。

应答诀窍

让孩子知道，对于他现在的状态，没有谁会比妈妈更着急了。重要的是妈妈的恻隐之心。希望妈妈不要用责备的语气说出“你为什么什么都不喜欢”这样的话或者露出不愉快的表情。妈妈要对孩子说出一些充满希望的话，这是很重要的，比如：“不管是什么，你总会有自己喜欢的事物的。”

“朱元没什么喜欢的，妈妈很难过啊。”
“我们从现在开始去找找你喜欢的东西吧。”

✖

“怎么会没有喜欢的东西呢？再想想吧。”
“不像话，就没有一样喜欢的吗？”

你为什么得到表扬呢?

表扬孩子的时候，一定要告诉他被表扬的理由。有时候需要确认孩子是否知道自己被表扬的理由。特别是如果孩子一直以来获得的都是类似“很乖”“真漂亮”这样笼统的表扬，那么父母就更要问一问孩子知不知道自己获得表扬的具体理由。

设想答案1

"因为我听妈妈的话。"

这个孩子认为获得表扬的最大原因是听妈妈的话，对妈妈顺从。换言之，这个回答意味着孩子认为妈妈对自己品德最大的期待就是顺从。当然，如果刚刚做了一件妈妈指定的事情并且被赞做得好，孩子也会给出这样的回答。比如，孩子刚刚按照妈妈的吩咐把换下来的脏袜子放到洗衣机里的时候。

应答诀窍

对于孩子清楚地知道自己获得表扬的原因这件事妈妈要再次给予表扬。虽然不算什么，不过当孩子给出这样的回答时，妈妈要给予肯定："是啊，你特别听妈妈的话。"再有，还可以问问孩子什么时候得到过表扬。如果孩子答不上来，妈妈可以用以下类似的话来告诉他，比如："我们××做好事的时候，也得到表扬了。"用"妈妈希望你将来能做更多值得表扬的事情"来作为对话的结束语。

✔ "对，刚才妈妈说的话都好好地听了。不过，妈妈还有什么时候表扬过你来着？"

✖ "你不是想得到表扬才那么做的吧？"

设想答案2

"因为我学习努力。"

这样回答的孩子已经认识到学习的重要性。因为妈妈平时看到自己努力学习的时候都会提出表扬。即使不是经常提出表扬，也会在不知不觉中向孩子传达出学习很重要的信息。虽然孩子认识到学习的重要性是一件受欢迎的事情，可是不管怎样这只不过是父母的希望投射到孩子身上的结果。

应答诀窍

要对孩子的努力做出肯定。之后再问问孩子还有什么时候得到过表扬。恐怕孩子不会说"除了这个就没有了"吧。孩子可能给出的回答是"给妈妈帮忙帮得好的时候"或者"好好刷牙的时候"等。如果孩子除了学习之外没有别的答案，那么妈妈就要反省一下自己是否一直以来进行的都是以学习为主的严苛教育。妈妈要告诉孩子："努力学习值得表扬，但是除了学习之外，还有很多事情值得表扬。"

✔ "除了学习之外，还记得什么时候得到过表扬吗？"

✖ "说得对，如果你努力学习，妈妈每天都会表扬你的。"

设想答案3

“不知道。”

因为在生活中，有的父母没有认真地对孩子就表扬的理由进行说明，所以有的孩子会做出这个回答。当然，有时是因为孩子没有认真倾听自己获得表扬的理由，左耳进、右耳出。如果妈妈进行了表扬之后孩子仍然不知道理由，那么表扬就没有什么意义了。这样的表扬只是流于形式。

应答诀窍

思考获得表扬的理由是很重要的一件事，这样孩子可以对自己的行为进行回顾。也许孩子稍稍努力一下马上就能知道获得表扬的理由。但是，如果孩子一直都回答“不知道”，妈妈就要对表扬的理由再次进行仔细说明。“妈妈让你睡觉前洗澡，你不是马上就去洗了吗。因为你听妈妈的话，所以妈妈表扬你呀。”如果孩子对妈妈说的话流露出厌烦的表情，那么可能需要再次确认妈妈和孩子之间依恋关系的密切程度。

✔ “不太清楚啊。再想想吧，不久前，妈妈因为什么表扬你了？”

✖ “表扬了你也不知道为什么。看来从现在开始我不应该再表扬你了。”

设想答案4

“因为我聪明。”

这是个多少有些“傲慢”的回答，父母肯定是之前对孩子做出过这样的表扬。比如，“我们××真聪明啊”“这么难的题都会做真是天才”等，这样的表扬导致孩子做出这样的回答。当我们不是对孩子的努力的样子和过程做出表扬，而是对孩子的特点和行为的结果做出表扬的时候，孩子就会认为因为自己聪明而受到表扬。

应答诀窍

从现在开始，妈妈也要对孩子努力的过程做出表扬。如果我们一直对孩子的特点进行表扬，一旦他遇到自己无法解决的难题，往往会放弃挑战。这是因为为了让自己保有“聪明”的头衔，孩子只能停留在处理简单的问题上。所以妈妈要对孩子再次强调：“妈妈不是因为你聪明而表扬你，而是因为你努力而表扬你。”

“好，聪明也是一个原因，不过更重要的原因是因为珠恩学习努力。”

✖ “对，我们孩子总能做对问题，真的很聪明。”

你擅长做什么？

孩子有了喜欢做的事情之后，现在重要的就是发现孩子擅长做什么事情了。这一时期是可以了解孩子的优势和劣势的时期。当然，这一时期所了解到的东西绝对不是全部。但是，知道孩子擅长什么和不知道孩子擅长什么是有不同的，这直接关系到孩子的自信心，也在某种程度上指导着父母将来教育孩子的方向。

设想答案1

“我擅长的是××。”

这可能是一直观察孩子各种活动的妈妈已经知道的答案，但也可能是一个意外的答案，因为在妈妈看来孩子在其他方面更为擅长。不过重要的是孩子自己认为他最擅长的是什么。

应答诀窍

对孩子表示肯定是重要的。哪怕只是开玩笑，类似“你擅长做××？哈哈”这样的话都绝对禁止。孩子的情绪处理能力还没有充分发展到能够接受妈妈玩笑话的程度。听到这样的话，他会马上做出反击或者心里受到伤害。因为他会觉得妈妈在小看和嘲笑自己。父母也不要用下面这样的话来牵扯到别的孩子，比如：“你虽然擅长这个，××也是吧？”这会让孩子瞬间感到心里不是滋味。孩子给出答案的一瞬间，父母要做的是让孩子感到满足和自豪。

✔

“嗯，对，我们朱元××确实做得特别好。”

“妈妈当然也知道就是这件事了。”

✖

“你除了××，没有其他擅长的东西吗？”

设想答案2

“我没什么擅长的。”

这样回答的孩子一般都是自信心不足，当然，与父母的态度也是分不开的。如果父母很少表扬孩子，总是指责或者批评孩子，孩子怎么能有足够的自信呢？请反省一下是否经常对孩子说“你为什么除了这个什么都不行”这样的话。

应答诀窍

父母需要改变孩子的自我否定意识。可以换一种提问方式，比如：“不说你擅长做什么，你喜欢做的是什么呢？”如果孩子给出了答案，那么就接着告诉他：“经常做你喜欢的事情就会变得擅长了。”如果孩子依然回答“没有”，那么就跟他说：“从现在开始，找找你喜欢做的事情吧，并且试着努力将它做好。”

✔

“妈妈不这么觉得哦。”

“朱元不是和朋友玩儿得很好吗？这就是擅长和别人玩儿啊。”

✖

“擅长的东西一个都没有吗？既然都没意思，为什么你还做？”

你能教教妈妈吗？

如果孩子擅长某项活动或者任务，他就会产生自信，继而就会自然地产生一种想去教教别人的欲望。通过这个问题可以确认孩子是否真的充满自信。除了“妈妈”之外，问题也可以换成“你能教教弟弟（朋友）吗”。

设想答案1

"好，我试试看。"

看到孩子充满自信地在妈妈面前做示范真是打心眼儿里高兴。即使孩子的动作有些生疏笨拙，妈妈也要做好准备给予孩子热烈的掌声。还能有什么比带有一颗想要教给别人东西的心更让人满足呢？通过这件事，孩子又进入了另一个发展阶段。

应答诀窍

让孩子感受到你关注他的语言和行为。类似"妈妈也知道的"这样的话会降低孩子的士气。妈妈要让孩子感受到教授别人时的愉快和意义。最后一定不要忘了加上一句"谢谢"。当孩子开始觉得"哇，现在我也能教妈妈了"的时候，他会充满自信。

✔
"嗯，妈妈正看着呢，继续教吧。"
"谢谢你教我。"

✖
"妈妈是大人当然会了啊。"
"唉，你做的那是什么呀。"

设想答案2

"不行，我教不了。"

如果孩子这样回答，那么说明他目前对自己的能力还不自信或者比较害羞。也有时候孩子认为这是自己才有的特殊能力，他并不想教给别人。他认为这是自己的一种特权。另外，自信心不足的孩子会回避在他人面前重复做同一件事情。

应答诀窍

孩子不愿意教，我们也不能强求。不过可以再向孩子提出一次请求，如果这次孩子接受了请求，那么说明妈妈的劝导发挥了作用；如果这次孩子依然不想教，希望妈妈对他说出下面这样的话："等你想教妈妈的时候随时告诉我。"或者"如果把游戏方法教给别人，他们真的会很开心的。"……

✔
"妈妈真的很想知道啊，我们珠恩好像可以教得很好啊。"

✖
"跟妈妈说一下吧。那有什么难的？"

关键词 02

挫折

你的孩子正在经历挫折吗?

挫折是孩子成长过程中无法避免的必经过程，而且这个过程不是一次而是若干次。翻身、爬、站立到迈出第一步，对孩子来说就是挫折的延续，因此挫折也可以说是“成长的痛”。离开妈妈的怀抱开始步入社会，这个时候又有其他挫折在等着孩子了。孩子在人际关系、学习、陌生环境等中会经历很多挫折。所以，那些认为“我的孩子不可能经历任何挫折”的父母，只能说他们产生了严重的错觉和误判。

偶尔也会遇到一些对孩子过度保护和干涉的“直升机父母”，对于这样的父母，我想建议他们，为了让孩子成长为一个更坚强、更独立的人，不妨采用一些适当的挫折教育。因为重要的不是挫折本身，而是通过挫折学习获得成长。

有些孩子遇到一次挫折就会变得一蹶不振或者放弃。这时父母要在孩子身边鼓励他，让他能够重新站起来。有的孩子为了避开挫折就专门选一些简单的任务，这样一来孩子可能会成为一个非常消极、谨小慎微的人。这种时候，父母应该帮助孩子认识到经历失败并不羞耻，失败是成功之母。

在孩子的成长过程中，完全不经历挫折是不可能的。孩子只有经历并克服了某些适当的挫折，他的内心才会变得更加强大。所以，父母在孩子经历挫折时要记住以下内容。

首先，要努力维持孩子的自豪感。孩子对自己的热爱以及自豪感是他克服挫折的力量。为了培养孩子的自豪感，无论孩子是成功还是失败，父母都要全盘接受并且在他身边给他勇气。

其次，父母的爱可以培养孩子的自豪感。在孩子遇到挫折的时候，父母不要马上插手，这样可以让孩子慢慢地适应挫折。无论孩子遇到什么难关，父母可以先观察孩子如何用自己的方式来解决；如果孩子自己无法解决，那么父母就要为孩子提供必要的帮助。

为什么做不到呢?

当孩子表示无法做到某件事情想要放弃的时候，一定要问问原因。这里需要注意的一点是，在真正了解了孩子做不到的原因之后，妈妈一定要用心去帮助他克服。万一没弄好，孩子就会把妈妈关于原因的提问当成责备，所以提问的时候一定要慎重，注意态度。

设想答案1

“太难了。”

这是最常见的回答。可能因为孩子刚刚开始做就感到困难或者之前尝试的时候有过困难的记忆，那么“我做不到”这句话也就很自然地说出来了。这正是一个孩子应有的样子，妈妈不要期待自己的孩子成为一个带有不屈意志的斗士。

应答诀窍

要想解决问题，首先要接受孩子的感受。接下来再鼓励他，告诉他可以做得很好。妈妈告诉孩子自己会给他提供帮助能让孩子重燃斗志。或者用“休息一下再挑战看看如何”这样的话来激发他的挑战欲望也是一种方法。但是，“有什么难的？”“你试都没试就要放弃？”这样的话会令孩子变得畏缩，或者感到自己受到了责备，妈妈要慎重使用。

✔ “是，妈妈看起来也有点儿难。”
“妈妈会帮你的，我们一起来搞定它吧。”

✖ “有什么难的呀？再试一次。”

设想答案2

“不喜欢做。”

这是孩子比较自主独立的回答。没错，就是因为不喜欢做所以做不了。但是，有的孩子内心很想做可又没有信心，这时也会回答说“不喜欢做”。父母需要准确掌握孩子的内心想法，到底是真的不喜欢，还是没有信心所以不喜欢做。

应答诀窍

妈妈要告诉孩子所有人都有讨厌做某件事情的时候，让孩子安心。如果孩子确实是因为不喜欢做这件事，那就告诉他：“下次想做的时候再做吧。妈妈觉得你只要试一次就会喜欢的。”如果孩子是因为缺乏自信，那么就对他说：“即使失败也没关系，挑战一下吧。能够挑战自己没有自信的事情，这就是勇气。”

✔ “啊，原来朱元不喜欢做呀。对了，妈妈不喜欢做的时候也会说‘做不了’呢。”

✖ “哪有不喜欢做的？小孩子说这样的话不好。”

设想答案3

“就是不想做。”

孩子很难诚实、准确地为自己做不了提供理由。也许是因为害羞，也许是真的不知道自己内心的想法。重要的是孩子现在处于一个很为难的境地，妈妈需要安慰孩子。

应答诀窍

安抚孩子之后帮助他找到原因。当孩子感觉到妈妈并没有因为自己做不到某件事而失望，而是想帮助自己进行挑战的时候，他才会做出诚实的回答。如果孩子一直没能说出原因，那么就要小心地问一问：“妈妈觉得你是因为没信心才说做不了的，是吗？”或者用这句话来结束对话：“好吧，等你想起原因的时候一定要告诉妈妈。”

✔ “朱元，好好想想原因吧。只有知道了原因，妈妈才能帮你呀。”

✖ “好好想想。只有知道了原因，才能找到解决办法啊。”

设想答案4

“做错了怎么办。”

孩子这样回答是在告诉我们他对于结果的恐惧。他可能已经想到了一个场景：如果这件事做失败了或者没能做好，妈妈会失望或者生气。另外，如果孩子对自己缺乏信心、感到羞耻也会做出这样的回答。

应答诀窍

父母首先要回想一下自己平时的态度。检查一下是否平时过多地向孩子提过第一名、一百分、优秀、成功等词。还要反省一下是否嘴上说着结果不重要，但是表情和肢体语言却仍然表现出对好结果的期待。挑战的过程和应对挫折的韧性是令孩子变强大的捷径。因此，父母必须认识到过程本身比结果更重要这个事实。

“错了也没关系，比结果更重要的是朱元拥有了挑战的勇气。”

✖ “那你努力点儿不要做错啊。”

你觉得什么最难?

就好像每个人都有擅长的事情，每个人也都会有感到困难或者做不好的事情。父母需要提前知道孩子感到困难的是什么，只有这样，才能想办法让孩子一直努力地去保持对这件事的兴趣。向孩子提问的时候要记住，用心帮助孩子是第一位的。

设想答案1

“都很难。”

这样回答的孩子基本上没什么自信心。如果孩子认为自己什么都做不好，表明他可能有抑郁情绪，妈妈要多多关注；另外，由于这一时期妈妈将关注点从游戏转向学习，所以在这一过程中孩子难免会产生抵抗心理。

应答诀窍

一般情况下，妈妈都知道孩子觉得什么东西困难。认字、读书、数学等各种学习活动与游戏确实是不同的。即使是采用游戏方式进行的教育，如果作业依然用对或错来决定，那它还是学习。通过对话来减少孩子对学习的恐惧吧。当然，减少孩子的学习量也是一种方法。消除孩子对学习的心理负担或者厌恶感要比多抄一篇字更重要。

✔ “最初是有点儿难。但是你经常做就不会那么难了。”

✖ “那就没有一个简单的吗？”

设想答案2

“××。”

谢谢孩子能够把自己感觉困难的事情清楚地回答出来，这也是最像孩子的回答。如果妈妈感到意外，那就说明之前孩子一直在隐藏自己的内心。不过这些答案应该都在大部分父母的预想之中。如果孩子说觉得数学难，那么可能在前一天的数学课上身体扭来扭去或者表情不屑一顾。

应答诀窍

先对孩子的回答表示认可。有的妈妈希望用“数学有什么难的？没有什么比数学更有意思了”这样的话来影响孩子的想法，可是孩子并不买账。要认可孩子的想法之后再发挥智慧寻找对策。实际上，妈妈可以用一些适当的方法来让孩子学习数学，例如用硬币。还有，可以跟孩子说“等你画了很多时间的画之后再学一点儿数学”，这样的话可以减轻孩子的心理负担。

✔ “啊，××最难啊！”
“那我们想想怎么才能让××变得简单、有趣吧。”

✖ “××本来就难啊。”

设想答案3

“没什么困难的。”

真的没什么困难的吗？这只是有自信的一种表现。可能是妈妈根据孩子的发展水平和能力进行了适当学习的结果。

应答诀窍

肯定孩子的自信心，再鼓励一下他的士气。也可以跟他说一些带有训诫意味的话：“重要的是即使遇到困难也不能逃跑。”对于“你前几天不是刚说过数学很难吗”这样带有责备意味的话要慎重使用。还有一些带有嘲讽意味的话也会给孩子的内心带来伤害，例如：“说没有困难的孩子怎么那么讨厌学习呢？”另外，父母不应该对孩子说“哇，真是天才”这样的话，因为这并不是对孩子努力的表扬，而是对他某种特性的表扬。

✓

“我们珠恩都做得很好啊。真是太棒了。”

“以后即使遇到困难，也会努力去做的吧？”

✗

“真的？我儿子真是个天才呀！”

4~6岁孩子对谈话没有回应的时候怎么办?

01 一边做喜欢的游戏一边诱导

这一年龄段的孩子回避与父母对话的最大原因就是觉得“没意思”。解决这个问题的最简单方法就是边玩儿边聊。如果妈妈能参与到孩子喜欢的游戏中令游戏的趣味加倍，孩子最终会高兴地做出回应的。

02 在孩子心情好的时候进行对话

一般人们心情好的时候容易对对方提出的要求做出回应，孩子也是一样。他们心情不好的时候是没有心思对妈妈的提问做出回答的，所以要在孩子心情好的时候进行提问。

03 提问时使用夸张的肢体动作和诙谐的语言

孩子之所以喜爱喜剧演员主要是因为他们幽默的语言和肢体动作。所以，妈妈提问时可以提高自己的声调，用孩子喜欢的方式，再适当地用一些孩子喜欢听的词语等。

04 在妈妈心情好的时候进行对话

对话一定要在妈妈心情好的时候进行。妈妈心情好，说话的语调也会变得柔和，这样孩子的反应也会更加积极。

你不喜欢做什么？

孩子常常会把自己喜欢做的和不喜欢做的事情分得清清楚楚，就好像把自己擅长做的和不擅长做的事情分开一样。不喜欢做的原因可能是太难，也可能是没意思，或许还跟与他人的关系有关。假如孩子刚刚开始学习画画就受到老师的批评，那么从此之后他可能就不喜欢画画了。

设想答案1

"学习。"

这个回答多少令人有些担心。刚刚开始学习还没多久就不喜欢学习了，这真让人焦虑。不过，对于到目前为止一直都在痛快玩耍的孩子来说，幼儿园里的简单教学或者妈妈在家进行的学前基本训练都可能会让他感到吃力。特别是对于那些喜欢跑跑跳跳的男孩来说，学习有时更像是晴天霹雳。

应答诀窍

妈妈的失望情绪不要在脸上表现出来，也千万不要用责备的语气跟孩子说"现在就不喜欢学习是不可以的"。孩子本来就对学习产生了反感，这样做只会火上浇油。孩子对学习产生反感的原因可能是学习环境不好，也可能是父母要求太严格。妈妈需要告诉孩子能够让学习变得有趣的方法。对这一年龄段的孩子来说，好的学习氛围或者学习的趣味性是让他养成良好学习习惯的必要条件。

✔ "不喜欢学习啊！不过我有个方法可以让学习变得有趣。和妈妈一起试一试？"

✖ "这个时候就觉得学习难可怎么办呀？"

设想答案2

"洗脸和刷牙。"

这是这一年龄段孩子最常给出的答案。孩子最初开始自己刷牙的时候都是充满热情的，也没少受到父母的表扬。不过每天重复的生活很快就会让孩子感到无趣，所以让他充分理解做这件事情的必要性和重要性是最重要的。由于孩子对刷牙洗脸变得厌烦，所以很多妈妈又开始帮助孩子洗脸刷牙。

应答诀窍

妈妈多少要表现出惊讶的表情，然后告诉孩子他可以做得非常好。接下来再向孩子强调一遍为什么要刷牙洗脸："因为没意思，所以不喜欢刷牙洗脸呀。但是不刷牙牙齿里面就会长小虫子，不洗脸脸就会脏啊。"妈妈还可以告诉孩子自己小时候也和他一样。刷牙洗脸都能做得很好的孩子平时是勤奋朴实的，也很听妈妈的话。

✔ "不喜欢洗脸和刷牙吗？"
"可是只要你有决心，洗脸和刷牙不都能做得很好吗？妈妈见到过好几次了。"

✖ "不洗脸、不刷牙的孩子不是好孩子。"

● 设想答案3

“玩儿得正高兴却说不让我再玩儿的时候。”

与其说孩子在表达一件自己不喜欢的事情，不如说这是他在表达一种自己不喜欢的情况。如果妈妈经常在孩子热衷于游戏的时候说“别玩儿了，回家吧”或者“别玩儿了，学习吧”这样的话，那么孩子就可能会这么回答。这个年龄段的孩子还不太会控制自己的欲望，所以对他们来说，让他们立刻停止正在愉快进行的游戏有些勉强。期望孩子哪怕有些遗憾也能果断停下手中的游戏，在某种程度上说只是父母的梦想。

应答诀窍

首先要站在孩子的立场上，然后根据孩子的性格特点做出反应。如果是平时比较听妈妈话的孩子，那就对他说：“那下次就等你玩儿够了妈妈再让你干别的。”给孩子规定足够的玩耍时间，帮助他渐渐地中断游戏。对于平时不太听话的孩子，要告诉他不能继续玩儿的理由：“我知道让你现在停下来很难，可是不能再继续玩儿了。”当然，这个时候渐渐中断游戏比一下子中断游戏要好。

“对，那个时候朱元不喜欢按妈妈说的做吧？”

✖
“玩儿了那么久还没玩儿够吗？”

● 设想答案4

“没有不喜欢的。”或者“都喜欢。”

真的没有不喜欢的事情吗？不是那样的。如果孩子有不喜欢的事情，但是为了让妈妈高兴所以才说没有，那么他是一个乖孩子，为了符合妈妈的期待而隐藏自己的内心。可这样的孩子有一点儿令人担心，因为他的行为像个小大人，同时长期遏制自己的情绪也会产生副作用。如果孩子真的什么都喜欢做，那是一件非常令人开心的事情。

应答诀窍

妈妈要试着了解孩子内心的想法，也要说一些令孩子安心的话。如果孩子最终还是回答“没有不喜欢的”，那么就用这句话来结束对话：“以后有了不喜欢的事情再告诉妈妈也可以。”如果妈妈一开始就说“我们××是个什么都想做的孩子呀，是个听妈妈话的好孩子”，那么要注意这样可能会令孩子下意识地要做一个乖孩子，也就是说，孩子总是为了当乖孩子而变得战战兢兢，很难期待他拥有一个健康的心理状态。

“真的没有吗？不论是谁，都有一两件不喜欢做的事情。”
“以后即使遇到困难，也会努力去做的吧？”

✖
“我儿子真乖呀，妈妈真幸福。”

再试一次怎么样？

当孩子做一件有些困难或者不喜欢的事情时，基本都会以失败告终。这样的结果会令孩子放弃挑战或者下次再遇到同样的事情时选择逃避。这种时候，父母的鼓励非常重要。结果如何无所谓，父母需要培养孩子跌倒了再爬起来的挑战精神。因此，这次妈妈的提问对提升孩子的斗志是必要的。

设想答案1

"好的。"

这是多么令人欣慰的回答。这表明孩子已经下定决心再次尝试，听到妈妈鼓励的话之后更加增添了勇气。或许有的孩子有些犹豫，在得到妈妈鼓励之后决定再次挑战。如果孩子内心曾想放弃，可他因为妈妈一段鼓励的话而再次燃起了斗志，那么这位妈妈可以说是优秀的养育专家。

应答诀窍

支持孩子的想法并且给予鼓励。除此之外，请用肢体语言和眼神来表达吧。摸摸他的头，向他眨眨眼，对他竖起大拇指等。需要注意的是，不要说一些会给孩子增加负担的话，比如"我相信你这次一定能做好"，因为这样可能会令已经鼓起勇气再尝试的孩子瞬间对失败充满恐惧。

✔ "嗯，我们珠恩可以再做一次，想得很好。"

✖ "嗯，这次一定要成功。"

设想答案2

"不喜欢再试。"

这是一个令人多少有些失望的答案。可是不要失望或者气馁。希望只说一次就能让孩子按照妈妈说的做吗？天方夜谭。因为孩子分明是遇到了挫折或者不喜欢再次进行挑战。能够清楚地说出自己不喜欢再试，这本身是很好的。这个时候重要的是妈妈如何说。

应答诀窍

首先要尊重孩子的意见，然后稍作沉默，或者一边观察孩子的表情一边等待。如果妈妈判断孩子不想再去尝试的想法是清楚、果断的，那么妈妈就要欣然应允，再等下一次机会。"好吧，这次就算了，到时候再试试吧。如果什么时候你想试试了，一定要告诉妈妈。"尊重孩子的意见比任何事情都要重要。如果妈妈判断孩子是因为没有自信才这样回答，那么就再给他一次鼓励："即使失败也没有关系，重要的是你愿意再试一次。"鼓励之后孩子是否付诸行动就是另一个问题了。

✔ "好吧，这次就到这儿吧，下次再试试看吧。"

✖ "就这么放弃了？跟妈妈再做一次吧。"

设想答案3

"……"

想再试还是不想再试，能够把自己内心的真实想法清楚地告诉妈妈当然是最好的，可有很多孩子在表达自己意见的时候很犹豫。这往往是因为他们的内心想法与妈妈的期待是背道而驰的。也就是说，他们想回答不喜欢，可是妈妈期待的答案却是喜欢，他们在妈妈的眼神中感到左右为难。事实上，妈妈只要把孩子不能很容易地给出回答这个反应看作他不喜欢就可以了。

应答诀窍

妈妈猜测一下孩子的内心再替他做出回答，此时，孩子往往会为妈妈理解自己而感到高兴。然后妈妈再告诉孩子："那么下次再挑战试试吧。还有，如果你不喜欢，还是直接说出来比较好。"那些带有责备意味的话要慎用，比如："你想什么直接说嘛，干吗就那么站着？妈妈多郁闷啊。"特殊情况下，妈妈代替孩子说出的答案却被孩子否定。这可能是因为孩子被妈妈猜中内心的想法而感到害羞，也可能是因为没有达成妈妈的心愿而感到自责。那么，就再用一些时间等待孩子的决定吧。

✔ "原来珠恩不太想做啊。那你就再想想，然后告诉我吧。"

✖ "为什么不说话？你得说出来妈妈才能帮你呀。"

设想答案4

"妈妈做。"

这样回答的孩子是在把自己的任务转嫁到妈妈身上，看得出他是一个十分有依赖性的孩子。很有可能从这个孩子非常小的时候，妈妈就帮助他做所有的事情，或者每次在孩子提出要求之前妈妈就已经帮他把问题解决了。到了现在，妈妈虽然提出让孩子自己解决问题，可这种依赖性不是一次两次就能消除的。另外，也有可能是孩子有些疲倦或者厌烦，所以让妈妈去做。

应答诀窍

有时候需要妈妈果断地给出回答。不过说出"不行，什么话"或者"知道了，这次妈妈就替你做了，下次你来做"这样的话还是有些欠妥。前者虽然比较有效地批评了孩子的想法，可是就这样对孩子的期待置之不理多少有些残酷；而后者只会增强孩子的依赖性。与其这样，不如告诉孩子"妈妈现在有些吃惊"，想办法让他明白这件事最终还是要他自己去做。

✔ "妈妈做？那是珠恩要做的事呀。"

✖ "不要！你的事情为什么要妈妈来做呢？"

关键词 03
朋友

你的孩子正在好好地和朋友交往吗?

朋友有多重要无须多言。朋友就是我们生活的活力，年龄越大，友情就越无价。对于孩子来说，也是如此。严格来说，孩子从年幼时就已经开始渐渐明白朋友和友情的重要性了。

4~6岁的孩子基本已经开始交朋友。随着幼儿园等集体生活的开始孩子有了好朋友，有时也会跟朋友产生矛盾。特别是由于这个年龄段的孩子往往以自我为中心，所以当其他人的感受、想法以及行为与自己不同时会感到惊讶，这算是一次成长过程中的冲击。

与妈妈有着密切依恋关系的孩子比起那些没有密切依恋关系的孩子更懂得关心和注意他人。而且，那些在父母关爱中长大的孩子更会向他人表达自己的情绪，所以在交朋友的时候能够很好地表现出积极的情绪。在与周围的人建立相互关系之后，孩子理解他人感受的能力得到了发展。

与一个人玩儿相比，孩子更喜欢和别人一起玩儿；与跟妈妈一起玩儿相比，孩子更有兴趣和同龄人一起玩儿。特别是这一时期孩子的认知能力有了飞速发展，自律性、独立性、自主性都得到了增强。即使妈妈没有在旁边陪着孩子，他也能和其他同龄的孩子一起度过。

如果这一时期孩子离开妈妈就不能和同龄的孩子一起玩儿，那么可能表明孩子的发育落后于正常阶段。孩子是否有朋友不仅对他的社交能力发展有影响，在与同龄人相处的过程中他可以获得很多无法从父母那里得到的东西。脱离父母的单方指示或者关照，孩子在与朋友的相处中还可以学到谦让和忍耐。在孩子和朋友活跃交流的这一时期，比起过分干涉，妈妈更应该为孩子创造更多结交朋友的机会。

孩子在与朋友的交往过程中会有合作，也会产生矛盾，为了能够和朋友友好亲密地相处，他会知道应该如何行动。也就是说，孩子会为了建立良好的朋友关系而努力。而且孩子在与同龄人玩耍的过程中，运动能力、表达能力和身体都会很自然地得到发展。

朋友之中你喜欢谁？

朋友对于这一年龄段的孩子来说，具有重要意义。对于4岁以下的孩子来说，朋友只是一个玩伴，而到了4岁以后，朋友就发展成一个可以交流积极情绪和一起合作玩游戏的人了。因此，这是一个朋友关系变得更加重要的时期。

设想答案1

"我喜欢××。"

孩子嘴里说出的这个朋友可能是他经常在小区碰面的小朋友或者幼儿园里最合他心意的小朋友，也可能是由于妈妈们关系好而经常来往的小朋友。无论哪个原因都好，孩子能够说出具体的名字正是我们所希望的。特别是当这个小朋友是已知的几个小朋友中的一个时，妈妈就可以了解到孩子喜欢什么样的小朋友。

应答诀窍

在若干朋友之中孩子有一个最喜欢的朋友是再正常不过的一件事情。妈妈通过对话来问一下孩子喜欢这个朋友的原因，孩子大概会给出很多种答案，比如"有意思""听我的话""他家里有很多好玩儿的玩具"等。然后妈妈再列出孩子其他朋友的名字看看孩子对他们带有何种感情，估计孩子给出的答案是"大部分都喜欢"。

✔ "好，我们珠恩最喜欢××。妈妈知道。"

✖ "是吗？妈妈以为你最喜欢××呢。"

设想答案2

"我都喜欢。"或者"我都不喜欢。"

喜欢所有朋友的孩子大多性格外向活泼，而不喜欢所有朋友的孩子可能是真的不喜欢朋友或者现在还是更喜欢和爸爸妈妈一起玩儿。不喜欢朋友的孩子可能是因为不太会与朋友交往或者还没有从自我中心当中脱离出来；而有的孩子觉得跟爸爸妈妈一起玩儿更有意思，所以也会做出"我都不喜欢"的回答。

应答诀窍

对那些回答喜欢所有朋友的孩子要用一些话来培养他的自豪感："你太棒了，和朋友们的关系都很好。"对那些不喜欢所有朋友的孩子要问问他们原因。如果孩子回答是因为"朋友们打我（或者耍我）"，妈妈要判断真假并且教给孩子与朋友相处的技巧和方法。

✔ "对，我们朱元真喜欢朋友们啊。"
"能告诉妈妈不喜欢朋友的理由吗？"

✖ "不能只喜欢朋友啊。"
"你在朋友们中间不受欢迎啊？"

Q10

你有不喜欢的朋友吗？

在孩子的朋友中，有他喜欢的，也有他不喜欢的，这是很自然的事情。小孩子不喜欢一个朋友的理由非常出乎意料，有些理由甚至让妈妈完全无法理解。但是，一旦孩子表达出自己不喜欢某个朋友，首先一定要对他的话表示关注，之后再慢慢了解原因寻找解决方法。

设想答案1

“我不喜欢××。”

孩子很轻易地说出了朋友的名字。实际上，诚实地表达出自己喜欢谁不喜欢谁可以说是这个年龄段孩子的特权。大人能那么轻易地说出来吗？孩子可能是真的不喜欢那个朋友，所以说出他的名字；也有可能是看到别的小朋友都不喜欢那个朋友，所以他也跟着不喜欢。

应答诀窍

再问一下孩子为什么不喜欢那个朋友，他可能会毫不掩饰地给出几个答案，“他身上有气味”“长得难看”“他像个外星人”等。孩子还会为了让自己的感受变得合理而跟妈妈说别的朋友也都不喜欢那个朋友。这时，妈妈要平静地对孩子进行劝导：“嘲笑朋友是不好的行为。”如果孩子这次说了另一个朋友的名字，还是要先问清原因，再将孩子引导到正确方向。但是，如果孩子给出的原因是“他欺负我、打我”，那么妈妈要先安抚孩子的情绪，再问清事情的来龙去脉，让孩子学会正确交友，学会保护自己。

✔ “都是朋友啊，不喜欢××的理由是什么？”

✖ “不喜欢朋友不行啊。应该友好相处。”

设想答案2

“没有不喜欢的朋友。”

这个回答首先是值得高兴的。因为能看出来孩子对朋友们普遍带有友好的感情，没有感到恶意或者厌恶的朋友。大部分时候这一年龄段的孩子都能诚实地给出答案，但是也有一种特殊情况——孩子怕那个朋友报复而不敢说出来。

应答诀窍

妈妈要露出欢迎并且开心的表情。孩子有可能讨厌的不是那个朋友本身，而是那个朋友的某种行为，妈妈可以针对这一点来进行提问。孩子大概会马上说出那个朋友不好的行为。这时妈妈就告诉孩子要帮助那个朋友改掉不好的行为。妈妈可以期待一下自己的孩子有多了不起，他会向做出不好行为的朋友提出忠告。如果妈妈感觉孩子是因为害怕而不敢做出回答，那就问问孩子：“有没有小朋友欺负你？不用担心，告诉妈妈。”

✔ “我们朱元没有一个不喜欢的朋友。跟朋友的关系都很好啊。”

✖ “真的一个不喜欢的都没有吗？不是不能跟妈妈说吧？”

Q11

你想对朋友说些什么？

这一年龄段的孩子和朋友们在一起的时候主要是进行活动类的游戏，但是随着时间的流逝，他们之间也慢慢开始有了许多对话。通过相互对话，孩子们发现了彼此想法的差异，确认了彼此共同的兴趣点，经历了争论与妥协、要求与拒绝等。这些都为将来的人际交往打下一定的基础。“你想对朋友说些什么”这个问题的内容包括对朋友的期待、意义、感情等。

设想答案1

“咱们一起玩儿吧。”

提起朋友，孩子就会联想到最开始一起玩儿的人，因此，孩子总是对朋友说“咱们一起玩儿吧”“你想和我一起玩儿吗”这样的话。想到孩子拉着朋友的手边跑边说“我们去那边玩儿会儿”的样子，父母的心情也会不由得愉快起来。会邀请朋友一起玩儿的孩子的性格是积极的。

应答诀窍

妈妈要对孩子的回答给予肯定，以增强他的自信心。对一些担心“如果朋友拒绝了，我该怎么办”的孩子，妈妈的鼓励会给他们带来无穷的力量。妈妈还要引导孩子对新朋友也要先发出一起玩儿的邀请，因为总是率先走向朋友的这种积极性会成为孩子将来进行社交的基础。关于如何应对朋友的拒绝，妈妈还要告诉孩子“如果小朋友现在不想玩儿，不要强迫，跟他说下次再一起玩儿”。

✔ “嗯，跟朋友说一起玩儿的话，他一定会很高兴的。”

✖ “跟朋友说的话就这些吗？”

设想答案2

“别欺负我。”

如果孩子想对朋友说这句话，那么我们可以想见他在这段时间心里有多苦。有很大的可能是有某一个小朋友总是欺负他或者有几个小朋友一起耍他。或许孩子就想一个人待着，即使朋友招呼他一起玩儿，他也觉得心烦意乱。

应答诀窍

首先要对孩子进行安慰，接下来最重要的是了解清楚到底是怎么回事。只有判断出事情到底严重到何种程度，妈妈才能够决定介入到何种程度。可以这样问问孩子：“你能对那个朋友说‘不要欺负我’吗？”如果孩子犹豫了，那么就跟他说：“只有你亲自跟那个朋友说，他才能不再欺负你；如果他还继续欺负你，妈妈或者老师会帮助你的。”

“珠恩一定很苦恼吧。你能跟朋友说‘不要欺负我’吗？”

✖ “为什么当时没有告诉妈妈？”

设想答案3

“咱们好好相处吧。”

这个回答将孩子希望与朋友建立一个满意的关系的想法充分表达了出来。如果这个孩子还不太受其他小朋友欢迎或者经常和朋友吵架，那就表明他现在想对这个状况进行改善。当然，平时就与朋友关系不错的孩子也可能这样回答，那是因为父母经常跟他说要跟朋友们好好相处。

应答诀窍

要肯定孩子这句话的重要性。然后问一问孩子有没有哪个朋友让他感觉不舒服，因为孩子可能一直把这件事放在心上，所以最终会告诉妈妈的。如果他回答说“××好像不太喜欢我”“前几天我和××打架了”，那么妈妈就鼓励他说“这样啊，那你就先跟那个朋友说‘让我们好好相处吧’”。妈妈还可以摸摸孩子的头，对他的心意表示赞赏。

✔ “嗯，和朋友如何相处是需要学习的。”

✖ “为什么和朋友打架？谁欺负你了？”

设想答案4

“你是一个好朋友。”

这个孩子用很直接的语言把对朋友的感情表达了出来，有时候这种表达是重要的，也是必需的。有那么一瞬间孩子会突然感觉到对方是个特别好的朋友。当孩子感觉到朋友对他真切的关怀，或者记忆中和朋友有过非常幸福的时光，那么他都可能会给出这样的答案。

应答诀窍

如果你平时是一位对孩子观察细微的妈妈，那么一定马上就能知道孩子说的这个朋友是谁。如果不知道就问问孩子，孩子会很自豪地回答说“是××”。知道了名字之后，再问问孩子为什么××是他的好朋友。孩子把这个理由向妈妈等人表达出来，有助于妈妈等人更加了解孩子对朋友的认识。

✔ “有这么好的朋友啊。是谁呢？”

✖ “你也是他们的好朋友吗？”

Q12

你想和朋友做些什么？

问问孩子经常和朋友做些什么或者想做些什么。通过这个问题可以知道孩子和朋友之间的兴趣差异。对于这个问题，大部分的孩子都会回答自己喜欢做的事情，不过也有一些孩子会根据朋友的喜好回答一些自己平时没兴趣的事情，这表明他受到朋友很大的影响。

设想答案1

"想一起去玩儿。"

这个回答表明孩子只想跟朋友两个人一起去某个地方玩儿。他可能觉得家里比较无聊，也可能是他比较喜欢游乐场。这一年龄段的孩子和朋友一起玩玩具，也和朋友一起追跑打闹，也会骑着三轮自行车转来转去。从现在开始，孩子渐渐有了一种想法——享受只属于我们自己的时间。

应答诀窍

问问孩子想去什么地方玩儿吧。他的回答大概会是"想去游乐园""想去游泳馆""想去游乐场"等。接下来还可以顺势问问他"想和谁一起去游乐场"。也可以提起一些过去的事情，比如"你跟朋友去游泳的时候有意思吗"。和朋友一起度过的美好时光会浮现在孩子的脑海里，这有助于朋友在孩子心里树立正面形象。

"想去哪里玩儿？"
"你们一起到那里玩些什么呢？"

✖

"和朋友在家玩儿就行了呗。妈妈给你们找点儿有意思的游戏。"

设想答案2

"想在我们家玩儿。"

这个回答表明孩子想在与朋友的关系中占据主导地位。在自己家里，他可以利用各种熟悉的玩具和空间来领导其他人。事实上，这次来我家，下次去你家，这样的反复往来更好。因为这样可以让孩子在主人和客人的立场上反复转换角色，可以培养他为对方考虑的习惯。

应答诀窍

先对孩子的回答表示认同，再问问他是不是也想到朋友家去玩儿。如果孩子的回答是"我们家更好""下次去"，那就太幸运了。不过，如果孩子回答说"不喜欢朋友家，就想在我们家玩儿"，这可能表明他在陌生的地方会感到强烈的不安，也可能他不喜欢听朋友指挥或者不想看朋友家长的脸色。这个时候妈妈可以用这句话来进行引导："下次也去朋友家玩儿吧。会有意思的。"

"在我们家玩儿舒服吧？好，让朋友来家里玩儿吧。"
"你不想去朋友家玩儿吗？"

✖

"整天就知道在我们家里玩儿怎么行？也要去朋友家玩儿呀。"

设想答案3

“想一起玩游戏。”

这里说的游戏一般是指扔沙包或者弹围棋子儿等。所有朋友在一起可以互相影响，愉快地玩游戏。父母不要一听“游戏”两个字就联想到网络游戏，从而轻易地发火。即使孩子真的想玩网络游戏，父母也不要轻易地发火，关键在于引导，父母应该努力让孩子多接触传统游戏。

应答诀窍

妈妈要对孩子的话表示肯定，再用“还想再玩儿呢啊”“那次妈妈在旁边看着都觉得有意思”等话来给他打打气。也要问问孩子想和谁一起玩、都玩什么游戏。如果妈妈提出这个建议：“为了和朋友一起玩儿的时候能玩儿好得练习一下，跟妈妈一起练习一次怎么样？”孩子一定会马上回答“好啊”。这是妈妈和孩子变得更加亲近的机会，不要错过。

✔ “对，上次你跟××一起扔沙包，真的特别好玩儿。”
“你想和谁一起玩儿？”

✖ “总玩游戏的话脑子会变笨的，不行。玩儿点儿别的吧。”

设想答案4

“没什么。”

这个回答表明孩子和朋友一起度过的美好时光很少。每个人都喜欢追求快乐。虽然经常和朋友在一起玩儿，但如果没什么意思或者吵过架，孩子给出这个回答一点儿也不意外。也有可能孩子对朋友本身就没什么兴趣。

应答诀窍

面露惊讶的表情，同时让孩子再想一想和朋友在一起时的快乐时光。一般来说，无论是什么，孩子都会给出一个答复。如果孩子一直不回答，妈妈最好给出提议对他进行诱导：“和××一起玩汽车游戏的话好像很有意思……”如果孩子说“对呀，那就行了”就太好了。如果孩子说“不想和××一起玩儿”，那就再问他“那你和别的朋友一起玩儿汽车游戏怎么样”。通过这些话将妈妈希望孩子与朋友能够愉快玩耍的心情传达给孩子。

✔ “是吗？那怎么也会有点儿有意思的事吧？”
“和朋友一起玩儿时比较有趣的是什么游戏?”

✖ “为什么喜欢一个人玩儿？不喜欢朋友们？”

关键词 04

情结

你的孩子有什么情结呢?

4~6岁可以说是情结萌动的时期。因为这个时期的孩子开始渐渐经历“矛盾”。听父母的话还是不听，和朋友一起玩儿还是自己玩儿，和兄弟姐妹合作还是竞争，是领导别人还是追随别人……现在刚刚开始步入社会的孩子一天之中要直面很多矛盾。随着这些矛盾的堆积和反复，最终发展成为情结。

这一时期开始形成的具有代表性的情结是“乖孩子情结”。与想从任何人那里得到表扬相反，有这种情结的孩子不能接受任何人的批评和仇恨。说得严重一点儿可能会导致小儿抑郁症。有此情结的孩子为了得到“乖孩子”的评价，会把自己的想法或观点保留起来以便减少矛盾和对立。因此他们有一种特征——只看别人的眼色，不会说出“不喜欢”这几个字。如果父母平时态度权威，不接纳孩子的情绪，希望孩子按照自己的命令行事，这种情况下孩子就比较容易出现“乖孩子情结”。孩子听话父母当然高兴，可是与此相比，父母更应该给孩子机会，让他们在该反抗的时候反抗，表达出自己的主张，以便让孩子在对立的过程中慢慢熟悉合理解决问题的方法。

“外貌情结”也在这一时期慢慢萌芽。父母对外貌的过分关注让孩子感到压力，进而丧失自信带来“外貌情结”。这也可能成为孩子长大后患焦虑症的原因。有“外貌情结”的孩子在对别人进行评价时会跟自己的外貌做比较，然后分为好看的和不好看的。他们会把漂亮的人过分理想化，而对外貌不足的人则过分贬低。

另外，还有主要发生在男孩身上的“妈妈情结”。有此情结的孩子总是依赖妈妈，事事都要征求妈妈同意，为了不让妈妈失望总是竭尽全力使妈妈满意。这些孩子的妈妈有“我是为你而活的”一种心态，而且随时会把这种心态展现在孩子面前。孩子只能被妈妈束缚。

如果孩子有情结，那么将来就会因为某种情结而对其他领域的正常发展造成阻碍。即情绪、社交、人际关系、认知、语言、学习等领域应该继续发展，却因为某种情结使心里的能量消失殆尽。

但是情结也有一定的积极作用。有的人为了克服自身的情结而做出了许多努力，最后成为一个优秀的人才。为了减少自身由情结引发的自卑感或者不幸，他们会更加努力地从事其他方面的活动，以获得心灵上的安定。一个特别胆小的孩子后来成为优秀的飞行员，这里面的联系都是相似的，这样说应该更加便于理解。

Q13

你有没有在忍耐什么?

这一年龄段的孩子也会忍耐。一般来说，孩子越小越不会控制自己的情绪，但是随着年龄的增长，他们慢慢地学会了忍耐。忍耐是一把双刃剑，它既是孩子成熟过程中必需的品德，也是啃食孩子健康的杀手。

设想答案1

“怒火。”

事实上，这个年龄段的孩子能够忍住怒火是一件了不起的事。就这一点已经值得父母表扬。问题是明明生气了却还撒谎说没有生气。回答说自己正在忍着怒火本身已经算是告诉父母自己正在生气。此时，父母如何应对是关键。

应答诀窍

对孩子能够控制自己情绪这件事要给予高度评价。然后再问问他为什么生气。如果孩子做出了回答，妈妈的评价就要跟上。如果孩子回答说“刚才妈妈不让我吃冰激凌”，那么妈妈就要回应他说“那是因为你闹肚子，所以不让你吃，不值得生气”。接下来再问问孩子怎么做才能消气。对于“想去玩球”这样的回答妈妈只要答应就可以了。如果孩子回答“不知道”，那么妈妈就直接给出方法，可以试着对他说“和妈妈一起去散步怎么样”，大部分的孩子都会按妈妈所说的去做，这样一来他就会自然地领会消气的方法。

✔

“嗯，能够忍住火气真了不起。”
“是什么让我们朱元生气了啊？”

✖

“唉！你每次生气的时候不都跟妈妈闹吗？”

设想答案2

“小朋友们的欺负。”

如果孩子做出这个回答，父母绝不能置之不理。忍受着小朋友的欺负对孩子来说是一件很残酷、很苦恼的事情。如果孩子认为无论朋友怎样欺负自己都要坚持下去，那么从现在开始父母就要对他进行帮助和引导。

应答诀窍

首先要理解和安慰孩子。或许以前听孩子说过被小朋友欺负，但是当时没有当回事，那么妈妈就应该反省一下了。当时孩子向妈妈诉说之后不仅没有得到什么帮助反而感觉让妈妈失望了，所以，从此之后孩子忍耐不再诉说。那些能够把苦闷、委屈、难过、生气等情绪向妈妈诉说并且从妈妈那里得到安慰的孩子可以很好地化解自己的压力。

✔

“朱元被小朋友欺负时心里该有多苦闷啊。”
“现在开始很重要。你要和妈妈一起想办法不再让小朋友欺负你了。”

✖

“小朋友欺负你时不要只是被动忍受，要和他们一起打。”

设想答案3

"弟弟不听话。"

因为弟弟而感受到压力的孩子还真不少。一般来说，这一阶段的孩子看到弟弟做了一些自己看不顺眼的行为时是无法忍受的，只不过由于父母的制止或者责备而选择忍耐。偶尔也有一些孩子，在弟弟惹到自己的时候一直忍到脸红脖子粗，这种时候父母要认识到孩子只是在依从自己的话或者为了表现得很乖而抑制他的情绪，应及时帮助孩子摆脱不良情绪。

应答诀窍

没有打弟弟或者欺负弟弟虽然值得表扬，但是过分抑制自己的情绪对孩子也会产生消极影响。父母需要通过提问来帮助孩子表达情绪。问一下孩子弟弟不听话的时候他的心情如何。孩子大概会给出各种各样的答案，如"生气""讨厌弟弟""难过"等。妈妈可以先对孩子能够忍住打弟弟的念头而提出表扬，同时还要告诉他生气的时候应该如何去做。

✔
"弟弟不太听朱元的话吗？即使那样也很好地忍了呀。"
"你告诉弟弟'哥哥生气了'怎么样？"

✖
"你是哥哥，就应该忍着。"

设想答案4

"没有。"

很幸运，孩子没有正在忍受什么东西。假如孩子的行为有些强势，那么他做出这个回答是一点儿也不意外的。这种情况下反而要对他进行忍耐训练。不过，如果孩子分明正在忍耐着什么嘴上却否认，这就要引起父母注意了。孩子否认自己正在忍耐，想让别人看不出什么问题，这种孩子往往过度地抑制了自己的情绪。

应答诀窍

这样回答的孩子不是怕妈妈担心，就是担心会让妈妈失望，他会把这些作为理由，所有的事情都说"很好"。这种情绪下，父母要对孩子说，当他感到辛苦或者正在忍耐什么的时候可以跟自己说，从自己这里得到帮助。相反，对于那些不是特别能忍耐的孩子，父母要这样对他说："有时候需要忍耐。无论遇到什么事情，要三思而后行。"

✔
"真的没有在忍耐什么吗？"
"实事求是地告诉妈妈吧。妈妈想帮助你。"

✖
"没有忍耐什么，你好像在撒谎啊？"

Q14

有没有不能对妈妈说的话？

这个年龄段的孩子一般都是想到什么就说什么，但是有时候也会有孩子不愿把自己的想法和感受表达出来。这种孩子是在抑制自己的情绪或者心理上有些畏惧。抑制和畏惧对孩子的心理健康是有害的。预防心理疾病的最好方法就是用语言把自己的情绪表达出来。

设想答案1

“不清楚。”

很多孩子都会给出这样的回答。有可能是真的不清楚，也有可能是不想说。不知道是不是两种心思在打架，一种是希望妈妈像个侦探一样窥视自己的内心，另一种是不想让妈妈知道自己的内心。也有的孩子懒得想，所以就随口说出“不清楚”。

应答诀窍

妈妈在某种程度上应该能猜测出孩子的内心。因为孩子对妈妈有话要说，可是担心会被批评或者遭到拒绝，所以选择不说。这种情况下妈妈要对孩子这样说：“你心里不舒服可以告诉妈妈。说出来要比憋在心里好。”或者：“如果你能告诉妈妈幼儿园有什么好玩儿的就好了。如果你不说，妈妈就没法知道了。”还要告诉孩子，跟妈妈说话时不要隐瞒或撒谎。

✔ “妈妈很担心朱元是否有什么感到难过的事情没有告诉我。”

✘ “不清楚？那就是有不能跟我说的话了？”

设想答案2

“想要的玩具。”

这是个爆发力超强的孩子，并且很纯真。他一直就想让妈妈买玩具，于是就把这次提问当成了一个好机会。不过也有忍耐了很久的孩子，如果以前有过要求买玩具却被批评的经历就只能看妈妈的脸色而不敢说出来。“想吃比萨”“想玩儿”“给我买乐高吧”等，这些都是希望自己的要求得到满足的直接表达。

应答诀窍

父母应该好好想一想，平时是不是对孩子的要求太高了？还是孩子的要求跟别人的比起来格外强烈？然后再根据得出的结论做出不同的反应。如果是前者，父母就要适当降低对孩子的要求，如果是后者，父母就要对孩子的要求进行调整。孩子对于自己的要求能够表达到什么程度很重要，是否能够调整自己的要求也很重要。

✔ “朱元真的很喜欢玩具啊。我们来看看是不是必需的。”

✘ “玩具已经那么多了，还要买？每天就知道玩具！”

设想答案3

"不喜欢的小朋友。"

这个问题问得好。如果妈妈没有问这个问题，孩子也许还在独自苦恼呢！孩子受到的教育都是要和小朋友友好相处，可自己的内心深处经常会有否定情绪产生，所以感到很苦闷。说不定还会有下面类似的苦恼，"难道我是个坏孩子""我对小朋友有不好的想法，妈妈或者老师知道了会批评我吗"。现在妈妈来帮他解决吧。

应答诀窍

首先让孩子安心，然后问问他什么时候不喜欢朋友。如果孩子回答的是"那个朋友特别贪心的时候"，那么可以说这是正常的情绪反应。接下来妈妈再跟他说："嗯，这样的话谁都不会喜欢这个朋友的。不过，这个朋友就没有优点吗？"妈妈在肯定孩子感受的同时又告诉他要努力去寻找朋友的优点。当然，妈妈还要告诉孩子对一个人的否定情绪只是暂时的，会随着事情的变化而变化。

✔ "啊，这样啊。你心里可以不喜欢朋友，妈妈偶尔也会这样。"

✖ "不喜欢朋友怎么办？你们应该好好相处啊。"

设想答案4

"没有。"

如果真的没有那真是幸运。孩子不仅和妈妈之间形成了稳定的依恋关系，还构筑了完美的对话伙伴关系，因此，孩子不会隐瞒自己的所有感受和想法，都会说出来。这种情况下，孩子对妈妈没有秘密，一般不会撒谎。这样的孩子开朗、正直。不过偶尔也会有明明有话要对妈妈说却说没有的孩子，这样的孩子令人担心，他们往往想隐藏自己的错误或者忍受不满。

应答诀窍

如果是真的没有，那就表扬孩子直率、诚实，还要加上一句叮嘱的话，如果以后孩子有什么话也要跟妈妈好好说。对孩子来说，如果他知道妈妈喜欢听他诉说，就会增加对妈妈的信任。而对于那些明明有话说却说没有的孩子，妈妈要这样说："最好对妈妈没有隐瞒。""如果对妈妈有不满你可以说出来，妈妈不会说你的。"听了妈妈的话，孩子可能会为妈妈看透自己的心思而感到既吃惊，又佩服。

"以后朱元把自己的想法和感受都告诉妈妈吧。"

"不可能。你瞒着妈妈可不行。"

Q15

你害怕什么？

无论是谁都会有害怕、恐惧等情绪。这一年龄段的孩子还没有对这个世界充分感知，所以他们会对一些在大人看来不算什么的东西感到害怕，而对一些真正危险的东西反而不会感到害怕，这些都让大人无法预测。根据让孩子感到害怕的对象，我们可以大致了解孩子的性格。

设想答案1

“小狗（小猫）。”

对某个特定对象感到恐惧和厌恶的孩子有很多。对于蛇、老鼠这类恶心的动物许多孩子可能会感到害怕，但是对于猫、狗这样的宠物也感到害怕的人却是少数。生活中，当所有朋友都觉得小狗可爱并去抚摸，只有一个人感到害怕躲得远远的，那么朋友们可能就会觉得这个人有些奇怪或者拿他开玩笑。十个孩子中大概会有一个对特定对象感到害怕。实际上，孩子害怕的对象多种多样，有打雷、闪电、暴雨等自然现象，还有针头、听诊器、白大褂等与医院有关的物品。

应答诀窍

一定要让孩子安心。现在孩子最需要的就是父母令他安心的话。如果孩子害怕雷声，那么妈妈要抱着他并对他说：“打雷不会伤到你，只不过声音大，一点儿也不危险。而且妈妈陪在你身边，放心吧！”这样做的效果相当好。那些带有训斥或者嘲笑语气的话要绝对禁止，比如：“什么，你怕这个？”因为这样说只会增加孩子的不安，还会加深孩子对妈妈的怨恨。

“小狗不会伤害珠恩的。”

✕
“小狗有什么可怕的？一点儿也不可怕。”

设想答案2

“其他人（其他小朋友）。”

与害怕某种事物相比，害怕某个人的问题更严重。因为生活中避开某种特定的事物不是很难，但是避开某个人就很难。孩子出生后6～10个月的时候出现的认生现象就是对其他人产生恐惧感的最初体现。这之后，由于孩子受到他和妈妈依恋关系的稳定程度、与朋友关系好坏、与其他人的相互影响等因素的影响，他在与人相处时有时会感到不安。情况严重的孩子还会出现社交恐惧症。

应答诀窍

父母要了解孩子到底有多害怕别人，然后再问原因，大概会得到这样的回答“我担心别人觉得我奇怪”“我怕朋友们打我”等。这个时候，妈妈要对孩子周围的人进行正面解说：“在妈妈看来，他们都是很好的朋友啊。”

“朱元认识的人都很喜欢你呀。”

✕
“为什么害怕小朋友？有小朋友打过你吗？”

设想答案3

"被妈妈（爸爸）训斥。"

孩子害怕妈妈的时候相当多。孩子怕妈妈训斥要到一定的程度才能停止错误行为，做出正确行为。不过担心或者害怕会被妈妈训斥的孩子在精神层面有时令人有些担忧。特别是对那些一边说着"怕爸爸打我"一边十分不安的孩子，从现在开始绝对不要再惩罚他们了。因为孩子的过度恐惧往往对他们的心理健康不利。

应答诀窍

如果孩子还不到4岁，应该尽可能地不去批评他，但是对于4～6岁的孩子来说，有时批评是必需的，但是不要太凶。对那些说"担心妈妈（爸爸）打我"的孩子要先让他们安心。父母教训孩子要把握一定的尺度，否则容易使孩子对父母打骂的恐惧发展成对父母本身的恐惧。

✔ "原来妈妈训斥你的时候你很害怕啊。""从现在开始妈妈不再那么严厉地训斥你了。"

✖ "妈妈（爸爸）什么时候那么严厉地批评你了？"

设想答案4

"什么都不怕。"

太好了！真是太勇敢了，这个回答暂时看来是幸运的。可是当孩子对于危险活动也毫不畏惧地冲上去的时候就让人有些担心了。在车水马龙的大路上跑来跑去，或者猛地想爬到高处去，这些都可能引发严重的安全事故。这样的孩子中大多数有活动过度或者冲动表现。活动过度和冲动是有注意力缺陷多动障碍（ADHD）的。

应答诀窍

告诉孩子无论是谁都会有一定程度的恐惧感。因为孩子意气风发、初生牛犊不怕虎，对于他这样的蛮勇需要控制。妈妈要告诉孩子："我小时候做错事也害怕被大人批评，如果你做错事，有人会对你的行为做出负面评价。"也许孩子不一定听得进去，妈妈要告诉他："如果你受到伤害，我会心痛。"

✔ "好，不过要远离危险的物品和地方。"

✖ "那样会受伤的，要小心。"

Q16

你有没有什么时候感到心里怪怪的？

心里怪怪的是指与平时的感受不同，同时有若干种感受交织在一起的复合状态，若干种感受包括害怕、难过、不快、生气、不安等。一般来说，这是一种消极的情绪状态。如果孩子说“妈妈，我的心情有些奇怪”，妈妈一定要努力地去仔细了解孩子的心理状况。

设想答案1

“妈妈没有笑容或者不回应我的时候。”

这是一个特别喜欢妈妈的笑容和亲切回应的孩子。可妈妈也是人，也会有疲惫和心烦意乱的时候。这种时候孩子可以很好地觉察出妈妈露出的僵硬表情和对回应的漠视。妈妈的情绪稳定和较高的生活满足度对孩子的成长具有十分重要的影响。

应答诀窍

向孩子承认自己的不足并承诺会做出改变。这样孩子就能逐渐理解妈妈，使亲子关系更加和谐。

✔ “以后妈妈会经常微笑，也会好好回应你的。”

✖ “妈妈怎么可能每天都笑呢？珠恩，你理解一下妈妈吧。”

设想答案2

“学习（游戏）有些难的时候。”

孩子在各个领域的能力正在逐渐增强。有时候孩子会自恋或者自我陶醉，认为自己是个了不起的人。和爸爸摔跤取得胜利就会觉得自己是世界上力气最大的人。学习的时候也一样，当学习一帆风顺的时候遇到了难题或者未能如自己所愿就会感到困惑。这个时候，孩子的心情就会变得奇怪。

应答诀窍

是让孩子正视现实还是再次让他陷入自我陶醉，这让父母很苦恼。结论是两者都是正解，关键要根据孩子自己的特点选择应对策略。看看孩子在得到表扬之后是更加努力地去做还是光说不练。还要看看在直截了当地对孩子挑明之后他是接受还是只会发火。父母要判断出孩子更倾向于哪一边。

✔ “学习遇到困难的时候，谁的心情都会变得奇怪。努力搞好学习之后，心情会变好的。”

✖ “那是因为你没努力去做。再努把力吧。”

设想答案3

“爸爸突然对我好的时候。”

爸爸突然对孩子好，这是孩子应该张开双臂欢迎的一件事。可是有一部分孩子却在这个时候说“心里感觉有点儿奇怪”，原因可能是孩子现在还不能完全地相信爸爸。孩子可能会觉得爸爸这样做是有目的的，也可能觉得爸爸有些陌生。

应答诀窍

听到这个回答，妈妈可能会有些难过或者着急。不过还是要收拾心情来为爸爸做辩护吧。当然在此之前要先接纳孩子的感受。妈妈可以这样跟孩子说：“爸爸突然变得跟平时不一样，你心里当然会觉得有些奇怪。不过爸爸说他以后会继续努力的，相信他吧。”然后还可以再加上一句：“爸爸虽然嘴上经常责备你，但心里真的是很爱你的。”

✔
“爸爸突然变得跟平时不一样，你心里当然会感到奇怪。不过爸爸继续好好对你的话就一点儿也不奇怪了。”

✖
“爸爸对你挺好的，你为什么心里感到奇怪？心情应该很好啊。”

设想答案4

“怪怪的时候？没有。”

奇怪的心情其实不能很好地感觉到，或者不知道怎么解释心里怪怪的是一种什么样的感觉，所以就回答说“没有”。不过无论如何，这是个令人开心的答案。没有过心里怪怪的时候并不意味着孩子没有过消极的感受。不过，这个答案至少暂时让父母安心。

应答诀窍

孩子可能会问妈妈“心里怪怪的”是什么意思。妈妈可以这样解释给他听：“就是心里总有点儿不舒服，但是很难准确地表达出来。”也许孩子听起来比较茫然，不过说不定什么时候他突然就明白了：“啊，原来这就是以前妈妈说过的‘心里怪怪的’感觉啊。”这之后，他就会快速地跑向妈妈，对妈妈说：“不知道为什么心里感觉怪怪的。”这个时候妈妈不要紧张，轻轻地问孩子：“发生什么事了？”

✔
“原来你大多数时候心情都是不错的啊。”
“如果心情不好或者心情有些奇怪的时候，要跟妈妈说啊。”

✖
“那你一直很幸福吗？总是很高兴？”

关键词 05

幸福

你的孩子现在感到幸福吗?

即使把幸福说成我们生活的积极目标也不为过。当有人问“你为什么而活”的时候，大部分人都会回答说为了变得更加幸福。维基百科中对幸福的解释如下：所谓“幸福”是指一个人的需求和欲望得到满足之后感觉到满足与喜悦的状态，没有不安，感到安心或者充满希望的美好感受的心理状态。

那么，4~6岁的孩子如何看待幸福呢？大概有很多孩子连幸福这个词的意思还无法正确做出解释。尽管如此，这一时期的孩子还是会经常笑着对妈妈说：“妈妈，我真幸福。”一位妈妈说她的孩子在游乐场玩儿过之后就跟她说了这句话，这种情况下孩子对幸福的理解主要就是“开心”。不过这个不只是单纯的开心或者心理上的满足，这也是孩子在按照自己的想法对妈妈表示感谢。所以，即使孩子年纪幼小，他们的幸福也是包含开心、满足、感激、幸运等多种情绪的广义的情感。从这一时期开始，孩子开始一点点地感觉幸福的丰富内涵。

那么，孩子有时为什么不“幸福”呢？问题往往出在大人身上。大人会把“幸福”和“成功”混淆，甚至把它们等同起来。所谓“成功”，顾名思义就是目标达成的意思。父母把孩子能够考上名牌大学当作目标，让孩子努力学习，等真的考上之后，父母会认为这是成功了。但是，如果孩子的目标并不是考上名牌大学，那么他不会认为考上大学就是成功，而且这与幸福是完全不同的两回事。即使看到父母高兴的样子，他可能也会短暂地感到幸福，但是在将来的学校生活以及今后的人生当中，孩子能否感受到幸福还是个疑问。

对于这一时期的孩子来说，完全没有必要对他说明学习的重要性或者未来的成功。因为努力地学习和工作最终都是为了能够幸福地生活。与学习和工作相比，在日常生活中感受到的开心、家庭的温暖、父母的爱与关心、安稳的感觉等，这些是令孩子感到幸福的充分条件，也是孩子成长为幸福的人的基础。

Q17

喜欢我们家吗？

孩子的年龄越小，对幸福的感受就越受父母和家庭的影响。也就是说，父母和家庭的气氛越和睦，孩子就会越幸福，相反，父母吵架或者家庭气氛越冷淡，孩子就越感到不幸。“喜欢我们家吗”这样一个单纯的问题是评估孩子幸福程度的最重要的尺度。

设想答案1

“喜欢。”

这个答案理所当然。你见过这一时期有离家出走的孩子吗？对于孩子来说，家有着很多不同的意义，家不是一个单纯的住所，而是一个可以和父母兄弟姐妹在一起的地方，是一个可以游戏和休息的地方，是一个可以吃饭和睡觉的地方，等等。与父母之间没有大问题的孩子大部分都会回答“喜欢”。即使总是被妈妈批评，被爸爸威胁要赶出家门，他也不会离开家。这就是这一年龄段的孩子与青春期孩子之间的巨大差异。

应答诀窍

对孩子的积极表达要表示认同。提起“家”这个词就能感觉到开心、安全、和睦，还能够唤起舒服的感受，这很重要。妈妈可以根据孩子的表现提出一些建议，比如：“我们一起画我们的家，然后再涂上颜色怎么样？”画画的同时，孩子的幸福感会得到提升。画完家，还可以画画家里的每一个人，与孩子一起度过一段开心的时光吧。

“对，妈妈也觉得和朱元一起在家的时候最幸福。”

✕
“总在家待着不好。”

设想答案2

“不喜欢。”

听到这个回答，妈妈的感觉就好像遭到重击一样：“不是吧，你怎么可能不喜欢自己的家呢？”如果孩子明确地回答不喜欢或者讨厌自己的家，妈妈要仔细地想想原因。最大的原因就是父母不和。如果孩子经常看到父母吵架的场面，那么他就没有理由喜欢这个家。因为家不再是一个安全的地方。妈妈根本不和孩子玩儿也是一个原因。因为在孩子看来，家是一个无趣无聊的地方。

应答诀窍

绝对不要追究孩子，而是可以通过提问“为什么不喜欢”仔细确认孩子的感受。如果孩子给出的回答是“妈妈不跟我玩儿”“妈妈不是只喜欢弟弟吗”等，那就成功地找到了孩子这样回答的原因。可很多孩子给出的回答却是“就是不喜欢”“不知道”等。这个时候妈妈不要放弃，应该仔细观察一下孩子的行为，找到解决问题的办法。

✓
“妈妈想改正。你为什么讨厌咱们家呢？”

✕
“你不喜欢咱们家可怎么办呢？”

Q18

心情好的时候更多吗？

如果是一个沉浸在幸福中的孩子，那么心情好的时候当然要多过心情不好的时候。这一时期的孩子应该是开朗愉快的。因为从父母那里得到充分的爱与关怀是有个好心情的充分必要条件。这段时期是不用为学业、前途、工作、金钱、健康等问题而苦恼的一段时间，应该好好珍惜。

设想答案1

“当然了，心情好的时候更多。”

这一阶段的孩子大部分都会这样回答。妈妈给做了好吃的心情好，玩儿得兴致勃勃很开心，爸爸给买了礼物很幸福。即使有时候会被爸爸妈妈批评，可孩子还是觉得爸爸妈妈对他好的时候更多。通过父母关爱和教育孩子的时间可以看出，实际情况确实如此。

应答诀窍

对孩子全面的心理状态再次给予肯定吧。这样一来孩子的“我是个幸福的孩子”这个信念就会得到强化。问一问孩子什么时候心情好，进一步来了解一下他的心理。孩子会充分地表达出自己的想法，“妈妈表扬我的时候”“和朋友玩儿的时候”“吃好吃的东西的时候”“给我买玩具的时候”等。根据孩子的回答，妈妈可以决定以后应该在哪一方面做出补偿。也就是说，为了引导孩子做出自己所希望的行动而使用补偿战略的时候，只有向孩子提供他希望的东西才会有效果。

✔ “对，我们珠恩看起来总是很幸福。什么时候心情最好呢？”

✘ “那么，心情不好的时候几乎没有吧？”

设想答案2

“不是，心情不好的时候更多。”

对这样的回答不能像平常事一样一带而过，孩子不可能毫无理由地心情不好。大部分都是受到了父母的影响，然后是兄弟姐妹或者朋友的影响。可能是被父母狠狠地批评了，也可能是跟姐姐或者弟弟经常吵架，还有可能是跟朋友的关系不太好。如果孩子的回答是“一半一半”，那往往表明实际情况和回答“心情不好的时候更多”是差不多的。

应答诀窍

要对孩子的回答给予肯定。不妨问问孩子：“都是因为什么心情不好，能告诉妈妈吗？”通过这个问题来了解孩子情绪低落的原因是最重要的。如果孩子给出了答案就能找到解决问题的有效方法，他的答案可能是“我想玩儿，可妈妈整天就让我学习”“朋友们拿我开玩笑”“弟弟不听我的话”等。可是，如果孩子给出的答案是“不知道”，那么从现在开始妈妈就要更加仔细地对他进行观察，随时询问他的心情如何了。

✔ “是吗？我们朱元的心情很一般啊。”“主要是因为什么心情不好呢？”

✘ “你心情不好到底是有什么事？”

Q19

你什么时候最幸福？

孩子开始对幸福的感觉是茫然的，随着时间的流逝，他们开始清楚地知道什么时候会感到更加幸福，慢慢地积累了幼时的美好回忆。“你什么时候最幸福”这个问题可以帮助孩子将美好回忆维持得更久。

设想答案1

“妈妈表扬我的时候。”

妈妈的表扬最能让孩子心情愉快。因为听到妈妈表扬的一瞬间，孩子的大脑会分泌一种叫作多巴胺的神经传导物质，这种物质能够令人产生快感，并引起一连串的身体反应。免疫机能会得到提高，压力激素会减少，自主神经会变得稳定，因此得到表扬的时候身体状况也会变好。多数孩子认为最幸福的时候就是得到妈妈表扬的时候。

应答诀窍

表扬孩子的时候，最好能够理由充分并且明确。不要只是笼统地表扬说“真乖”“做得真好”等，而是要说“按妈妈说的做得很好”“学习的时候精力集中”“完成得很好”等。只有这样，孩子才能为了再次得到表扬感受幸福而进行正面的行动。还可以再加上一句“妈妈也觉得表扬××的时候最幸福”。这样一来可以很自然地让孩子形成一个认识：“如果我做的事情都很正确就会得到妈妈表扬，我的心情就很好。原来，妈妈表扬我的时候心情也很好啊。”

✔ “妈妈也觉得表扬珠恩的时候最幸福。”

✖ “那你以后会做更多的好事情吧？”

设想答案2

“吃好吃的东西的时候。”

美食能让孩子开心。不过问题是孩子喜欢吃的大部分食物可能对健康没有什么益处。比萨、汉堡包、炸鸡、香肠、冰激凌、蛋糕、糖果等是最受孩子欢迎的食物，但是这些食物几乎没有妈妈会让孩子想吃就吃，毫无节制，所以，当孩子吃到妈妈亲手做的香肠饭或者专门点的比萨时就会感到幸福。

应答诀窍

生活中，妈妈都知道孩子喜欢什么样的食物，可还是要再次直接向孩子确认哪种食物最好吃。答案有可能会出乎意料。很多时候孩子会把自己喜欢吃的食物和妈妈希望自己多吃的食物混在一起回答，比如“嗯……香肠、烤肉、鸡蛋、土豆、米饭、泡菜等”。这是希望能获得妈妈的肯定。早晨起床问问孩子“你不喜欢吃什么”，再次确认一下孩子的饮食习惯吧。

✔ “这样啊，我们朱元喜欢吃什么？”

✖ “你就是喜欢那些垃圾食品。”

设想答案3

“和妈妈在一起玩儿的时候。”

在孩子的记忆中，和妈妈一起玩儿的时候非常有意思。妈妈在这里的贡献非常大，这是妈妈好好和孩子玩儿的结果。妈妈按照孩子的眼光来玩游戏，如果妈妈能在游戏中感到快乐，那么她就是最好的游戏伙伴。在陪孩子一起玩儿的过程中，孩子可以辨别出妈妈是以快乐的心情还是以烦躁的心情在陪伴自己，因此，妈妈要尽量以好心情来陪孩子玩儿。

应答诀窍

在孩子的这个回答里有两个含义，一个是“以后妈妈也继续跟我玩儿吧”，另一个是“到现在为止还没有在其他事情上感到过幸福”。不知不觉间，对孩子来说，最幸福的瞬间不再是和妈妈在一起玩儿的时候，他渐渐开始感受其他的幸福瞬间。问问孩子：“除了和妈妈在一起玩儿的时候，还有其他时候感到幸福吗？”孩子只要能回答出一个就很好；如果孩子回答“没有”，那就跟孩子说：“以后去找找更幸福的时候吧。”

✔
“原来和妈妈在一起玩儿的时候最幸福啊。妈妈也觉得和珠恩在一起玩儿的时候最幸福。”

✖
“怎么能每天只跟妈妈玩儿呢？也应该和小朋友一起玩儿啊。”

设想答案4

“和小朋友在一起玩儿的时候。”

这一时期的孩子开始渐渐知道朋友的重要性以及和朋友一起玩耍时的愉悦。一直以来以为和妈妈在一起玩儿才是最快乐的，和朋友一起玩儿之后才发现这样更有意思。有时候孩子和朋友在一起玩儿时忘了时间，妈妈让回家也不愿意。孩子感兴趣的对象随着其视野的开阔而改变是很正常的现象。不过每个孩子会有不同，有的孩子到了5岁就主动去找小朋友，而有的孩子到了6岁还去找妈妈。

应答诀窍

一定要对孩子的回答表示认同，再追问一下和朋友做什么有意思。举例来说，孩子可能会回答“和××一起滑滑梯的时候最有意思”。通过这个答案，妈妈可以知道孩子最喜欢的小朋友是谁，也可以确认孩子最喜欢的游戏是什么。还可以再问一下孩子什么时候感到过幸福，加深这一幸福瞬间在孩子脑海中的印象。这个问题以后可以常常问。幸福瞬间不是越多越好吗？最后，妈妈可以用下面这句话来结束对话：“能拥有这么多幸福瞬间太好了。”

✔
“还有什么时候感到幸福啊？”
“将来你长大了，你就会明白有朋友的陪伴很幸福！”

✖
“现在和妈妈在一起玩儿已经没什么意思了啊。”

你有什么愿望吗?

被幸福和愉悦包围的孩子有许多梦想和愿望，梦想着光明和健康的未来。实际上这一年龄段的孩子往往天真地认为自己希望的所有东西都很容易实现。但是这又算什么，这是这一时期孩子的特权。在这一时期的孩子当中，两个孩子里面就会有一个说要成为总统或者优秀的足球运动员。

设想答案1

"给我买好多好多玩具。"

"你有什么愿望吗"这个问题里含有多重意义。因此，不论妈妈意图如何，很多时候孩子回答的都是想吃的东西或者想要的玩具。对于这一时期的孩子来说，一件酷酷的玩具难道不是他们最想要的吗？这也是一个孩子应该做出的回答。

应答诀窍

妈妈既然已经问了孩子的愿望是什么，那就应该给孩子买一个玩具。可以跟孩子说："好，我们明天去超市买玩具吧。不过玩具很贵，我们只选一个你喜欢的吧。"孩子一般会同意的。有些孩子耍赖非要买几个玩具，对这样的孩子妈妈需要清楚严格地规定一个界限。和他们做个约定，让他们知道无论是谁都不能拥有自己希望得到的所有东西。

✔ "原来我们朱元更想要玩具啊。""不过，你不能得到你希望得到的所有东西，爸爸妈妈也一样。"

✘ "家里已经有那么多玩具了，还买？"

设想答案2

"妈妈对我更好。"

这个回答有两个含义。一是希望妈妈继续像现在这样好好对自己；另一个就是希望妈妈比现在能更多地表扬自己，更亲切地对待自己，更少地批评自己。妈妈应该能很快地判断出自己的孩子是哪一种。孩子笑着回答和严肃回答的差别是很明显的，笑着回答的孩子一般对妈妈很满意；严肃回答的孩子可能对妈妈有意见，需要妈妈与孩子多沟通。

应答诀窍

妈妈要接受孩子的愿望。最好能追加提问以了解孩子的具体愿望。孩子可能会给出的回答是"如果你不批评我就好了""以后再多多表扬我"等。妈妈要接着说："好，从现在开始我更多地表扬你。××也可以做得更好吧？"假如孩子说："像现在一样对我好。"妈妈要回答："好的，妈妈会像现在一样对你好。"通过这样的对话，确认妈妈和孩子之间形成了积极的亲子关系。

✔ "好，妈妈以后会对你更好的。""妈妈怎么做好呢？"

✘ "妈妈还能怎么对你好？"

设想答案3

“成为一个大科学家（足球运动员、总统等）。”

孩子现在就开始谈论自己未来的梦想，这是一件好事。不过需要辨别孩子是受到父母的影响还是自己的想法。父母平时经常对孩子说的那些话会对他们的理想产生影响，所以对这一时期的孩子来说，父母最好不要跟他们说一些特定的职业，而是要多说一些人的品质等，比如坚强的人、帮助别人的人、善良的人等。

应答诀窍

无论孩子的愿望是什么，父母最好只强调愿望中积极的一面。比如可以跟孩子说：“你跑得快，球也踢得好，一定能成为优秀的足球运动员。”“你很会为朋友着想，也很会说话，将来可能会当总统。”……请父母马上给孩子营造出一种愿望即将实现的氛围吧。为孩子创造一段美好的回忆也很有意义，等他们长大之后回想起来，可能会说：“啊，那个时候我好像真的成为总统了。”

✔ “对，我们朱元充满好奇心，也很有想法，会成为一个优秀的科学家的。”

✖ “真的吗？科学家没有时间玩儿，只能天天做研究，你行吗？”

设想答案4

“没有。”或者“不知道。”

回答“没有什么愿望”表明孩子对自己现在的状态很满足。虽然偶尔也会有一些没有愿望、性格忧郁的孩子做出同样的回答，可重点是这一年龄段的孩子还没有到青春期。如果是一个青春期的孩子这样回答，就可能表明他没有愿望、心灰意冷。那些回答“不知道”的孩子大部分是因为自己懒得思考。

应答诀窍

听到回答之后，妈妈先问问孩子现在是否感到幸福。如果孩子回答“幸福”，那就提出这个问题：“那你是不是还有什么希望得到的东西或者想成为什么样的人呢？”接下来孩子可能会猜一下妈妈提问的意图再做出回答。如果孩子回答“不幸福”，那么妈妈可以对他说：“为了能让你幸福，妈妈想知道你需要什么，只有这样妈妈才能帮助你。”只有妈妈愿意认真倾听孩子的愿望，孩子才肯说出来。

“我们朱元现在很幸福吗？”
“那还有没有什么愿望？”

✖ “没有什么愿望吗？不知道吗？连这个也不知道？”

PART 3
7～9岁

从7岁开始，孩子就要和许多陌生的环境发生接触。熟悉规律和规则的学校生活，每天不能缺少的学习，渐渐拓展的朋友关系等，一天一天展开的神奇时刻正是这一时期。人生中最必不可少的核心价值观也是在这一时期形成的。

7～9岁孩子的心理关键词

学校生活、朋友、学习

7～9岁对应的是小学中低年级。孩子正式有了学习的任务，开始被要求勤劳和诚实。从这一时期开始，努力学习的孩子和喜欢玩耍的孩子有了区分。随着孩子思维能力的发展，他们对因果关系有了更进一步的理解。但是他们的思维还停留在对是非黑白的单纯理解上，不具备复杂的动机和抽象思维能力，因此，他们往往会一丝不苟地遵循好与坏、对与错等两分法。这一阶段的孩子在过马路时往往很遵守信号灯规定。

对于这一时期的孩子来说，朋友也很重要。特别是与异性朋友相比，他们更愿意接近同性朋友。正如弗洛伊德所说，这一时期是性心理发展的潜伏期阶段，是对异性缺乏兴趣的时期，与同性一起合作玩游戏会感到更快乐。他们会去找可以互相扔球或者一起骑自行车的朋友，也会几个人一起赛跑。虽然也能和异性朋友一起玩儿，但由于他们逐渐明白了性别差异，所以一起玩游戏的感觉也会有所不同。当然，敌视异性群体的情况偶尔也会发生。

父母—子女关系更加重要的时期

这一时期也是最受父母养育方式影响的时期。这一阶段，父母与孩子之间的言行互相往来变得非常多，孩子的想法与感受也与过去有了不同，所以父母—子女的关系的好坏变得更加重要。

父母的类型可以分为三大类。第一类是直升机父母。这是从美国传来的一个词语，比喻父母像直升机一样盘旋在孩子上空，时时刻刻监视孩子的一举一动。第二类是推土机父母。这类父母给别人的感觉很可怕、很强势。对待孩子很严厉，总是命令孩子，如果孩子没能执行命令就会毫不留情地进行惩罚，步步紧逼。第三类是顾问型父母。这类父母仔细聆听孩子的话，发现孩子的问题之后会给出适当的指点和忠告。这类父母可以说是在育儿过程中不断与孩子进行交流、深得孩子信任的父母。

你属于哪一类父母呢？你认为哪一类父母最好呢？毫无疑问，顾问型父母是最好的。不过你想成为哪一类型的父母，最终的决定权还是在于你。

童年初期的发展课题

学校生活：孩子在学校之中正式开始了社会生活。

朋友：这一时期，孩子开始建立与发展朋友关系，这是人际关系中的一种重要关系。

不安：不安是所有孩子都要经历的一个过程。

才能：这一时期，隐藏的才能可以在父母的帮助下发光，也可能消失。

勇气：这是个学习、熟悉各种品质的时期。勇气就是前提。

关键词 01

学校生活

你的孩子能很好地适应学校生活吗？

对于7～9岁的孩子来说，没有什么比学校生活更重要了。因为上小学之后很多时间都要在学校度过。在学校不仅要学习知识，还要学习人性、社会、人际关系等社会生活内容，这些是社会生活的基础。

从现在开始，孩子的生活分为了家庭生活和学校生活两部分。预测一下能够愉快地度过学校生活和不能愉快地度过学校生活的孩子会如何成长并不是一件难事。当然，那些能够享受学校生活的孩子更有希望。但是，并不是每个人都能愉快地享受学校生活。实际上，对于那些刚刚走出幼儿园的孩子来说，让他们适应陌生的环境和新的体系不是一件容易的事。每个人在面对陌生环境和陌生人的时候都会感到一定程度的不安。这当中有一部分孩子是本质上就有很强的忧虑不安的倾向，所以他们在适应陌生环境时会遇到一些困难。我们把这样的孩子称作慢热型孩子。

当孩子对学校生活感到辛苦的时候，最重要的就是父母对他的理解。父母在沉着细致地了解了孩子的问题之后，要找到一个切实可行的解决办法。想达到这个目的，良好的亲子关系是前提。有些急躁的父母不分青红皂白就批评孩子，这样不仅解决不了问题，反而会激起孩子的不安和愤怒，导致孩子出现攻击性的行为或畏畏缩缩的行为，进而剥夺了孩子克服压力的机会。

对于这一时期的孩子来说，老师也是一个非常重要的存在。能够遇到一个孩子喜欢的老师是孩子的幸运。美国哈佛大学和哥伦比亚大学的一个研究组历经20年，对250万名学生进行了调查研究，得出了如下结论：那些在小学和中学时代遇到了好老师的学生不仅考入大学的概率高，走入社会后的收入也相对较高。这个结论在一定程度上表明：在优秀教师的教育下，孩子往往能够更加理智地规划自己的人生。

你喜欢上学吗？

对于这一时期的孩子来说，最重要的生活任务莫过于适应学校生活了。如果孩子喜欢并且享受学校生活，那么这将成为孩子人性和精神发育的里程碑。但是，如果孩子感觉上学没有意思或者厌恶上学，那么父母需要采取积极的应对措施改变这种状况。

设想答案1

"嗯，喜欢。"

孩子这样回答让父母感到愉快和安心。如果孩子刚上一年级则意味着他对新环境有着良好的适应能力，如果已经上三年级或四年级则意味着他很好地适应着现在的学校生活。对这个孩子来说，学校就是一个有好朋友、好老师和许多有趣活动的地方。

应答诀窍

对孩子的回答给予愉快地回应之后，问他一些关于学校生活的问题。问一下他在学校最高兴的事情是什么。孩子可能会给出"学习很有意思""老师对我很好，总是表扬我"等回答。通过这些回答父母可以知道孩子最看重什么，是认为学习重要还是想从老师那里得到肯定。无论孩子怎么回答，妈妈都要给予肯定，不要进行评价和纠正，只要点着头说"这样啊"就行了。

✔ "上学的时候什么事情最开心啊？"

✘ "当然了，上学最容易了。"

设想答案2

"不，不喜欢。"

这个答案会令父母猛地一惊并且感到慌张。孩子说不喜欢上学往往意味着学校的一些事情让他感到有压力，可能是学习有些跟不上，也可能是被某个同学欺负。有时候孩子对父母不满也会给出类似的回答。无论如何，父母对这样的回答要引起足够重视。

应答诀窍

无论你对孩子的回答感到多吃惊都不要表现在脸上，首先要对孩子进行劝慰。事实上，不喜欢上学的孩子每天还要去上学，可以想到这期间他心里有多难受。这个时候妈妈就要作为解决问题的人挺身而出。妈妈可以向孩子提出一些比较容易回答的关于学校生活的客观问题，比如"老师可怕吗""学的东西难吗"等。听完孩子的回答之后，妈妈要努力和学校的老师一起解决问题。

✔ "你不喜欢上学妈妈很心痛啊。我们俊浩也受苦了。是什么让你感到辛苦呢？"

✘ "你怎么不喜欢上学呢？真糟糕！"

设想答案3

“不喜欢也不讨厌。”

孩子一般会说喜欢学校，可有些孩子却会给出上面的回答。生活中，大人有时会说：“对于上班，我不喜欢也不讨厌，但是又不能不去，所以才去上班。”大人说这句话的心情和孩子对于上学的态度有些类似。孩子的回答表明他认为上学是义务，必须去。幸运的是孩子的适应能力还可以，但是不能开心地生活也有些遗憾。

应答诀窍

听到孩子回答之后，先不要急着回应，沉默一会儿再问问孩子学校生活的好与不好各表现在哪些方面。孩子稍作思考之后会做出回答。妈妈可以给孩子一张纸和一支笔，让他把喜欢和讨厌的内容写出来，这样妈妈就可以知道孩子对学校的真实态度和想法了。如果孩子仍然做出上面的回答，那么可能表明这个孩子不愿意进行深度思考，这个时候妈妈要慢慢引导他思考，不要催促他。

✔ “你愿意一个一个地告诉我喜欢学校什么和不喜欢学校什么吗？”

✘ “哪有这样回答的？准确地说说。”

设想答案4

“不太清楚。”

这样回答有几种可能，一是孩子不怎么愿意表达自己的想法和情绪；二是孩子确实不知道自己的想法；三是孩子是一个不怎么会表达自己想法和情绪的人；四是孩子自己讨厌上学，但是又怕妈妈失望或者担心所以就说“不太清楚”；五是孩子在学校可能遭到排斥或者同学的欺负。

应答诀窍

孩子能够很好地观察自己的内心或者进行自我反省很重要。需要注意的是，父母一定要把自己的想法传达给孩子：“无论你说什么，爸爸妈妈都不会感到失望或责备你。”父母只有坚定地抱着一颗理解、帮助孩子的心，孩子才会说出自己的真实想法。

✔ “那咱们再好好想想吧。”

✘ “哪有说不清楚的啊？讨厌上学吗？”

喜欢你的老师吗?

与老师的关系对孩子的心理状态和学习成绩都会产生相当大的影响。感觉自己受到老师关心和爱护的孩子会很幸福，因此也会为了在老师面前展现自己更好的一面而更加努力，为自己获得老师肯定而心满意足。相反，厌恶或害怕老师的孩子在学校的生活往往很不愉快。

设想答案1

“嗯，喜欢。”

除了父母之外，老师对孩子来说是很重要的人。孩子每年都会遇到不同的老师，上学期间也会接触到很多老师。老师与孩子的关系非常特殊。孩子从老师那里学到知识和智慧，受到多方面的影响。一般来说，喜欢老师的孩子内心丰富，充满幸福感。

应答诀窍

听到这个回答，妈妈会很开心。当孩子听说妈妈也喜欢自己喜欢的老师时他会很高兴。然后妈妈再问问孩子最喜欢老师什么。孩子一般会给出两种类型的回答。一种是自我中心型的回答，如“老师总是表扬我”等；另一种是喜欢老师某种特征的回答，如“老师特别幽默”“老师很漂亮”等。

✔ “我们宥敏喜欢老师啊。妈妈也喜欢宥敏的老师。”

✖ “对，学生就应该喜欢老师。”

设想答案2

“不，不喜欢。”

这是个让人着急的回答。孩子从早到晚的大部分时间都和老师一起度过，可是他居然说不喜欢老师，可以想到他该有多痛苦。由于班主任老师只有一位，如果孩子不喜欢他，那么孩子就会更加痛苦。

应答诀窍

妈妈要接受孩子的感受，那些说教式的话对孩子完全没有帮助，比如“学生不可以不喜欢老师”“你不喜欢老师也没办法，你得努力适应老师”等。因为这些话反而会让孩子产生负面的想法，认为妈妈根本就不想去理解自己。所以妈妈要一边接受孩子的想法一边问问他不喜欢老师的理由。如果孩子能够放下戒备说给妈妈听，那么妈妈就能和孩子一起寻找喜欢老师的方法。

✔ “原来如此啊。那你喜欢怎样的老师呢？”

✖ “你不喜欢老师也没办法，得学着适应。”

设想答案3

“害怕老师。”

不喜欢老师和害怕老师有着天壤之别。不喜欢老师的孩子只要调整一下心境就可以享受学校生活，但是害怕老师的孩子往往很难愉快地享受学校生活。仔细观察一下孩子回答问题时的表情，可以在一定程度上了解孩子的心理状态。

应答诀窍

问问孩子是不是害怕老师不想去上学。如果孩子回答 “我们老师特别可怕，不过没关系，他不怎么批评我”，这表明孩子的状况比较稳定；如果孩子回答“老师可怕，我不想上学”，那么妈妈要通过各种问题来掌握孩子的情况。找到孩子害怕老师的原因后，妈妈要和老师多沟通，共同帮助孩子克服恐惧心理，让孩子开心地上学。

“老师很可怕？那宥敏是不是因为这个原因所以不敢去上学呢？”

“老师有什么可怕的？是你做错了什么吧。”

7～9岁孩子对谈话没有回应的时候怎么办？

01 谈话的时候常常提出表扬

为了能和小学低年级的孩子顺畅地进行谈话，“表扬”是必需的。即使实际上没有表扬，可让孩子有了受到表扬的感觉，那么孩子的心情就会变好，谈话也会变得顺利。

02 利用肢体语言来进行表扬

摸摸孩子的头、亲亲孩子的脸、竖起大拇指等动作可以提升孩子的自尊心。

03 要根据孩子的良好表现及时给予表扬

谈话过程中使用“做得真好啊”“真棒”“真帅”“想法不错”等简短的表扬可以让谈话变得愉快。

04 谈话结束后再次进行表扬

即使这次谈话并不完美或者没有充分地满足妈妈的想法，那也不要忘记在谈话结束后对孩子进行表扬，这样可以为今后谈话的顺利进行打下一定的基础。

今天在学校过得开心吗?

学校生活是非常重要的。孩子可能会因为某天和朋友进行了愉快的对话或者玩儿得很开心，所以感到快乐；又可能因为某天和朋友吵架了或者被老师批评了，所以心情不好。对于这一时期的孩子来说，妈妈需要关注孩子每天的学校生活并了解他的心情是否愉快。

设想答案1

"嗯，很开心。"

每天的学校生活都很开心意味着孩子平时的情绪都很稳定。孩子的情绪稳定在一定程度上表明家庭和睦、亲子关系良好、兄弟姐妹互相友爱、朋友关系良好等，这些综合起来就构成了愉快的学校生活。

应答诀窍

听到回答之后，妈妈也要表现出开心，这样可以令孩子更加开心，还可以让他体会到妈妈与他的感受一致，从而提升满足感。接着可以问问孩子"今天什么事让你特别高兴"，因为和孩子进行一场愉快的对话很重要。

✔
"我们宥敏说今天很开心，所以妈妈也很开心。"
"今天什么事让你特别高兴？"

✖
"学习也很努力吧？"
"老师表扬你了吗？"

设想答案2

"不开心，没意思。"

对于这个回答，要看孩子是只有今天这样回答还是每天都这样回答。另外，妈妈还需要确认孩子是不是对每件事情都给出消极的答案，是不是想通过这种方式来引起妈妈注意。因此当孩子在做出类似回答的时候，妈妈要仔细观察他的面部表情和情绪，这对解决问题很有帮助。

应答诀窍

在孩子表现出消极情绪的时候，妈妈首先要做的不是询问原因，而是与孩子共情。如果孩子回答说今天发生了一些令自己心情不好的事情，那么妈妈就要用一些话来引导他转变心情，比如："从明天开始你的心情会变好的。"不过，如果孩子长时间都觉得学校没意思，妈妈可以跟他说："让我们一起想想办法让你的学校生活变得愉快吧。"

✔
"什么事让我们宥敏的心情受到影响了啊？"
"只有今天是这样吗？还是最近这段时间都很没意思？"

✖
"为什么？和朋友打架了？被老师批评了？"

设想答案3

“不想说。”

这样回答有很大的可能性是孩子对学校生活抱有负面的想法，但是又无法直截了当地讲出来，所以“不想说”。还有一种可能性是孩子累得不愿意想也不愿意说，或者和妈妈关系不好的时候也会不愿意说。

应答诀窍

妈妈要尊重孩子的想法。既然孩子已经清楚地表明不想说，那么就不能继续追问。如果孩子怎么都不说就是父母的失职，所以一小时之后或者吃完饭后再继续跟孩子沟通。认真地问问孩子：“看样子你在学校遇到了不愉快的事，能告诉妈妈吗？”为了让孩子吐露心声，妈妈可以加上一句话：“无论你说什么，妈妈都站在你这边。”

✔ “现在不想说啊。那就等你想说时再说吧。”

✖ “不跟妈妈说怎么行？快说吧。”

设想答案4

“……”

有时沉默可以向我们传递很多东西。即使孩子什么也不说，通过孩子的眼神、表情、肢体动作等妈妈可能已经感受到了什么。从孩子的角度来说，他正在期待“即使我坚持不说，妈妈也能知道我在想什么”。或者孩子也很好奇妈妈到底知不知道我在学校的情况，同时可能还想对妈妈进行一次“测试”。

应答诀窍

对于妈妈的提问，孩子一句话都不说到底应该怎么办？是再问一次还是稍微等一会儿？妈妈在做决定之前先对孩子进行观察吧。即使孩子没说一句话可一直在看着妈妈的眼睛，这就表明孩子是想跟妈妈进行对话的。如果孩子眼神闪躲不敢与妈妈直视，那就暗示情况不是很好，孩子不敢直截了当地说出来。那就给他一些时间以后再谈吧。

✔ “妈妈来猜猜。啊，今天在学校跟同学打架了？”

✖ “为什么不说话？在学校做什么错事了？”

在学校里什么事情让你感到最辛苦？

学校也是一种组织、社会。孩子在这个人生初期的小社会中会经历挫折和失败，产生困惑、厌恶、恐惧等情绪。虽然孩子努力想去克服，但有时会感到力不从心，在有些事情面前犹豫不决或者压力很大，这个时候就需要父母的帮助。

设想答案1

“学习。”

大概很多孩子会给出这样的回答，更多的孩子可能会说“在学校里学得不是那么辛苦，课外辅导班的课程更辛苦”。随着年级的升高，这样回答的倾向变得更加明显。

应答诀窍

很多妈妈都接受并且很好地实践着一个忠言——对孩子感到辛苦的部分产生共鸣。可唯独学习是个例外。妈妈常常感到不安，所以对孩子说：“跟别的孩子比你学得已经算少的了。”这算是妈妈为了减少孩子的不满而按照自己的想法制定的战略。可是不要忘了学习是将来很长一段时间都要做的一件事情，如果妈妈总是压制孩子，只会让他的不满越来越多。

✔ “这样啊，我们俊浩觉得学习很辛苦啊。”
“能告诉我学习的时候什么让你感到辛苦吗？”

✖ “学习辛苦？不是不愿意学吗？”

设想答案2

“与朋友的交往。”

孩子感到辛苦的事情大致都与学习或者朋友关系有关。如果孩子说跟朋友交往很辛苦，就需要分析一下其中的原因了。这些原因主要包括：害怕朋友、交往技术不足、朋友对自己不够好等。

应答诀窍

抛开年级的因素，如果孩子总是说跟朋友交往感到很辛苦，那就需要仔细地观察一下孩子的行为特征，同时，妈妈还可以了解一下孩子的朋友是什么样的人。生活中，只要妈妈多关注孩子的交友情况，并教给孩子一定的交往技巧和方法，就能让孩子的社会交往更加顺利。

“原来因为朋友很辛苦啊，俊浩心里一定很苦恼吧。”
“经常和朋友吵架吗？”

✖ “为什么？朋友们不跟你玩儿吗？”
“不是你不知道谦让朋友吧？”

设想答案3

“好好听老师的话。”

给出这个回答的孩子是一个严格遵守老师指导的人，即所谓的“模范生”。孩子在努力成为模范生的过程中多少会感到有些辛苦。他们怀念小时候，说不定很想像小时候那样随便说随便做。但是在学校里如果那样做就会被老师批评，孩子知道，只有跟随老师的指示才会被表扬，才会被疼爱。他们正在控制自己的行为。

应答诀窍

先接受孩子的想法，然后问问他什么事情让他感到特别辛苦。比如，孩子可能会说：“上课时不让说话，可是我忍不住想说。”那么妈妈就要这样安慰孩子：“嗯，是的。但是上课时要集中精力学习，所以想说话也要忍着。”

✓
“对，每天都要好好听老师的话是很辛苦的。”
“老师说的话当中哪一项执行起来特别辛苦？”

✗
“即使辛苦也要好好听老师的话，这样才能成为一个优秀的人。”

设想答案4

“没有。”

如果真的没有什么事情令孩子感到辛苦那真是一件值得高兴的事情。这不就是孩子能够好好上学、愉快生活的证据吗？但是，如果孩子明明为某件事感到辛苦而由于某种原因做出“没有”的回答，那就更令人担心了。孩子常常会因为怕妈妈担心、怕妈妈批评而说自己过得很好。

应答诀窍

对孩子的回答表示认同。再告诉孩子感到辛苦的时候要向父母寻求帮助。如果妈妈感到孩子的回答不可信，那就跟他说：“如果你由于某件事感到辛苦就实事求是地说出来吧。”如果孩子呆呆地坐着或者好像在思考什么，妈妈就要再一次向孩子提问，以便了解他的真实想法。

✓
“没有感到辛苦的事情，好好地上学，妈妈真高兴。”
“即使不是现在，以后有什么感到辛苦的事情能马上告诉妈妈吗？”

✗
“唉！跟妈妈可以实话实说。”

关键词 02
朋友

你的孩子有好朋友吗？

前面已经说过为什么朋友对于学龄前儿童很重要。对于已经达到一定年龄的孩子来说，朋友依然是一个重要的关键词。由于这一时期形成的朋友关系某种程度上和大人的类似，因此朋友变得更加重要。也就是说，如果4~6岁的时候朋友这种存在初次登场并且开始给一个人的人生带来影响，那么7~9岁的时候，一个人和朋友兴趣相投或者互相冲突就形成了更加复杂的人际关系。

这一时期的孩子经常会说自己有很多朋友，但重要的任务是结交好朋友。如果父母能告诉孩子怎样和朋友交往就更好了。让孩子在纸上写出来听到“朋友”这个词会想到什么。孩子会在纸上写出各种各样的内容：一起玩儿的人、诉苦的人、一起度过很多时间的人、令人舒服的人、了解我私事的人等。这些内容都没错。好朋友不一定是学习好的朋友，朋友是心地善良、有责任心、懂得为别人着想，同时还深得我心的人。父母要跟孩子强调，朋友就是要互相付出，有福同享、有难同当。

注意，下面几种朋友类型要摒弃。我们不要成为整天指挥别人按自己意愿行动的“支配型”朋友或者为朋友付出一切的“牺牲型”朋友。另外，过分计算利害得失的“算计型”和总是强调要待遇平等的“平等型”朋友都不是很好。还有一种整天黏着朋友的“依存型”朋友也会让双方感到辛苦，最好能回避。

如果孩子能够交到好朋友，那么他就能度过一段美好的小学时光了。

如果孩子在与朋友交往的时候感到很困难，父母就需要积极地挺身而出了。教给孩子如何能够受到朋友欢迎的秘诀——跟其他孩子说话的时候要亲切。即使不是很亲近的朋友，也要让孩子多进行一些练习，对任何人说话时都要亲切，这样就会使自己的人缘变得更好。

Q5

和朋友相处得好吗?

朋友之间的交往占据了很大一部分在校时间。对这一时期的孩子来说，在学校不仅仅是学习知识，与朋友建立起和谐、亲密的关系更重要。合作与善意的竞争，友情与关怀，理解与说服等，这些都是需要孩子在与朋友的交往过程中亲身领悟和体会的。

设想答案1

"嗯，很好。"

这是多么令人高兴和期待的答复！在学校生活当中占有相当大比重的就是与朋友之间的关系，如果孩子说和朋友相处得很好，那么父母就可以松口气了。如果孩子是笑着回答的，那么他就是在强烈地向妈妈表明自己真的和朋友相处得很好。

应答诀窍

对孩子的回答表示肯定。如果妈妈马上就跟孩子说"太好了！以后也要好好相处，不要打架"，那往往表明妈妈之前一段时间可能对孩子不太信任。这样孩子就会产生一种失落感："原来妈妈不太相信我呀。"另外，类似"真的吗？真的和朋友相处得很好吗"这样的反应也要避免，以免让孩子产生失落感。

✔
"你和朋友相处得很好妈妈也很高兴。"

✖
"真的？太好了！妈妈以前还担心呢。"
"有没有和谁打过架？和每个人都相处得好吗？"

设想答案2

"不好，我们总打架。"

这是个非常令人失望和担心的回答。但是孩子能够实话实说，父母也算庆幸。不能和朋友好好相处总是吵架，孩子自己也会感到很苦恼。偶尔也会有一些孩子，平时和朋友相处得都不错，只把那发生过一两次的吵架夸大来说。无论是哪一种情况，当孩子做出这种回答的时候，都可以解释为他在直接向妈妈寻求帮助。

应答诀窍

指责孩子为何跟朋友打架对孩子一点儿帮助都没有。与此相比，接受孩子现在的苦恼才是妈妈应有的反应。安抚孩子之后再问他为什么打架、和谁打架等具体问题，通过这些问题来掌握具体情况以便解决问题。当然，在这一过程中不应对孩子进行评价。妈妈在准确地掌握了情况之后要向孩子传达一种态度："妈妈会和你一起寻找战胜困难的方法。"

✔
"和朋友打架了？心情一定很不好吧？"
"因为什么事情打架了？"

✖
"怎么能和朋友打架呢？要好好相处啊。"

设想答案3

“朋友欺负我。”

听到这句话，家长可能会火冒三丈：“什么？谁敢欺负我家宝贝儿子？”孩子做出这个回答的时候一般有几种含义。一是孩子正在遭受朋友集体的欺负或者正在遭受某一个朋友的欺负。二是朋友只是在开玩笑或者言行稍微过分了一些，而孩子却把这些夸大为欺负。三是孩子强烈希望得到妈妈的关心与同情。

应答诀窍

要对孩子的痛苦表示同情。妈妈的一句“真心痛啊”可以减少孩子由于受欺负而承受的痛苦。接下来妈妈要努力去了解具体情况，找到了孩子和朋友之间的矛盾之后，就要用“你打算怎么做”这个问题来了解孩子的态度。最后要让孩子安心，告诉他妈妈会在他需要帮助时提供帮助。

✔
“朋友欺负你，妈妈非常心痛。”
“可以详细告诉妈妈他们为什么欺负你吗？”

✖
“谁呀？谁欺负我们儿子？”

设想答案4

“朋友们都不跟我玩儿。”

真是个让人焦急的答案。这表明孩子自己想跟朋友们玩儿，但是朋友们却不跟他玩儿。这一时期的孩子反省自身问题的能力还不足，如果朋友们不和自己玩儿，他往往会感到愤怒、不安、挫折等，却很难弄明白朋友们不和自己玩儿的原因。

应答诀窍

妈妈首先要认同孩子的感受，然后再通过几个问题了解孩子现在所处的状况，并提出应对方案，比如：“明天你请朋友们到家里来玩儿吧，妈妈给你们准备好吃的。”此外，当孩子的无力和绝望超出想象时，妈妈必须亲自出马。妈妈应该到学校去和老师沟通，找到孩子不受欢迎的原因，让孩子摆脱现在的困境。

✔
“朋友们不跟你玩儿，俊浩心里一定很难过吧？”
“俊浩，你觉得朋友们为什么不跟你玩儿呢？”

✖
“所有朋友都不跟你玩儿吗？”

你最喜欢的朋友是谁？

随着学校生活的开始，孩子会有自己的好朋友。孩子最喜欢的应该是能够舒服地对话，并拥有兴趣相投的朋友。当然孩子会因为是邻居或者连续两年都在一个班等因素最喜欢某个朋友，而且经常见面也会变得更亲近。

设想答案1

“我最喜欢××。”

孩子就好像一直在等待着说出这个名字，而这个名字妈妈应该已经听到过好多次了，他在家也说过很多关于这个朋友的事情。但是，如果孩子是稍作考虑之后说出的这个名字，那么可能表明他是在几个朋友中做选择。这也提示父母孩子喜欢的朋友有很多。

应答诀窍

要对孩子说出的朋友表示肯定。当孩子知道妈妈也喜欢自己的朋友时心情会更好。妈妈可以用这句话确认一下：“××是你的好朋友啊。”如果孩子回答：“对，××是独一无二的朋友。”那么说明××真的是孩子最好的朋友；如果孩子回答：“现在最喜欢××。”那么说明这个朋友是孩子的好朋友之一；如果孩子回答：“其他朋友都喜欢。和××、××、××也很好。”那么意味着孩子正在形成一个好朋友的小团体。

✔ “妈妈也喜欢××。”

✖ “是吗？妈妈觉得××比××更好啊。”

设想答案2

“最喜欢的朋友是××、××、××和××。”

实际上，孩子正在形成一个美好、广阔的同龄人关系圈。不过他说出的名字顺序很重要，最先说的那个朋友往往是他最喜欢的。如果孩子一一罗列出很多朋友的名字，那么可能表明他很喜欢朋友们，但是却没有关系特别亲近的朋友。

应答诀窍

最喜欢的朋友有若干名的孩子在同龄人关系上的表现正面、积极。如果在人际关系中形成了积极的表现，那么等孩子成年之后也会拥有良好的人际关系，让自己的生活变得幸福。换句话说，这也意味着孩子和妈妈之间形成了稳定的依恋关系。因为从妈妈那里最初开始建立的人际交往范围扩展到了朋友上面。另外，妈妈可以再问问孩子最喜欢其中的哪个朋友。

✔ “最喜欢的朋友有很多啊。看来俊浩真的很喜欢朋友们啊。”

✖ “和那些朋友都很亲近吗？真的吗？”

设想答案3

"没有。"

这个回答让妈妈感到难过。因为这意味着孩子没能很好地建立起人际关系。另外，这个回答也会让妈妈感到着急，因为这可能意味着孩子对同龄人没有什么兴趣，或者与同龄人之间的关系感到乏味。

应答诀窍

妈妈不要太难过或者太着急。现在开始只要着手去解决问题就行了。不要对孩子发火，也不要对孩子失望。花一些时间，再给孩子一次思考的机会，如果孩子回答"××好一点儿"，妈妈多少可以放些心。但是，如果回答依然是"没有"，那么从现在开始妈妈应该加深孩子对朋友的认识，激发他的交往兴趣。

✔

"那再想想更喜欢谁怎么样？"
"俊浩，你心里想跟谁说话呢？"

✖

"怎么一个喜欢的朋友都没有呢？"
"朋友们都不喜欢你吗？"

设想答案4

"我最喜欢××，可他不是最喜欢我。"

孩子单方面喜欢一个朋友是很常见的事。孩子喜欢的朋友也可能是其他朋友也喜欢的，因此不仅无法像自己期待的那样和那个孩子相处很长时间，也无法从那个孩子那里得到特别的待遇，所以孩子有时会感觉那个朋友不喜欢自己。

应答诀窍

这是一个很难让父母明智地给出回答的问题。如果让孩子对那个朋友更好，有时感觉这样做会让孩子变得低声下气，自尊心受到伤害；如果让孩子刁难那个朋友，心里会感到抱歉。显然，这两种方法都有些极端。妈妈要弄清孩子的真实想法，帮助孩子树立正确的交友观。重要的一点是要给孩子做出正确的反应。

✔

"没关系，咱们一起想一想怎么做才能和××变得更亲密吧。"

✖

"只有你自己喜欢××吗？那你也喜欢其他朋友不就可以了。"

你有讨厌的朋友吗？

就好像孩子有喜欢的朋友一样，他们也会遇到讨厌的朋友。经过一段时间的学校生活之后，难免会遇到自己不喜欢的朋友，只能在矛盾中生活下去。大人只要不去见自己讨厌的朋友就行了，可是孩子不行。即使他们不愿意，每天也要和讨厌的朋友在一个教室里上课。

设想答案1

"××。"

孩子难免会有讨厌的朋友，重要的是孩子有多讨厌这个朋友。如果因为这个朋友连学校都不想去，那么问题就有些严重了；但是如果孩子只是因为一件偶然事件而讨厌这个朋友，那么就不用太担心。所以父母需要知道孩子对这个朋友是一时的讨厌还是一直都讨厌，哪一个问题严重不言而喻。

应答诀窍

不要跟孩子说"不能讨厌你的朋友"。虽然妈妈希望孩子心里充满正能量的心情可以理解，可是大人也会有自己讨厌的人，所以我们现在要站在孩子的角度考虑问题。父母还要防止出现一种过度反应是"嘘！不要告诉别人你讨厌××"。喜欢和讨厌是非常自然的情感，应该接纳它们。重要的是父母要掌握孩子讨厌这个朋友的原因并为孩子提供必要的帮助。比如，如果孩子给出的理由是"他长得难看，所以讨厌"，那么父母可以这样教导孩子："以外貌来决定对一个人的好恶是不对的，应该主要看一个人的人品。"

✔ "我们俊浩讨厌××呀。妈妈想知道原因是什么。"

✖ "不能讨厌你的朋友。所有人都要友好相处！"

设想答案2

"没有。"

没有讨厌的朋友真是一件幸运的事。这个回答表明孩子是一个心地善良的人，人缘应该也不错。实际上，从没有招惹是非的朋友这一点来看，孩子所在的班级应该有不错的氛围。有一种情况需要引起注意，孩子心里有讨厌的朋友嘴上却说"没有"，妈妈要细心、耐心地与孩子沟通，以便及时发现、解决问题。

应答诀窍

妈妈的鼓励不但能让孩子心情变好，还能让他再一次感受到朋友关系的重要性。总是很喜欢朋友的孩子在人际关系中形象正面，能够信任别人。不过也可能在某个时刻经历失望或者背叛。为了应对这一时刻，妈妈要告诉孩子："如果你今后遇到了讨厌的朋友，你要想想讨厌他的原因，再慎重决定要不要继续交这个朋友。"

✔ "俊浩和所有的朋友都相处得这么好啊。没有讨厌的朋友真是难得。"

✖ "你心里有讨厌的朋友吧？"

设想答案3

“最讨厌××、××、××。”

孩子讨厌的朋友有好几个表明孩子心中对朋友充满了负面的想法。孩子的学校生活没有因为朋友的存在而变得快乐，反而可能因为讨厌的朋友而令包括学校生活在内的日常生活都变得不再快乐。父母关注一下孩子最先说出口的名字，还要考虑那些朋友是否正在集体欺负自己的孩子。

应答诀窍

妈妈先要安慰孩子，然后可以试着问问有没有孩子喜欢的朋友来使气氛变得缓和。如果能够听到孩子说出一个朋友的名字，那么妈妈多少可以安心；如果孩子的回答是“一个好朋友都没有”，那么父母就要具体地听听孩子讨厌朋友的理由。努力去掌握孩子人际关系的状况十分重要。

✔

“讨厌××、××、××呀，他们都做什么了？俊浩心情一定很不好吧？”
“有没有喜欢的朋友呢？”

✘

“讨厌的朋友那么多？喜欢的朋友一个都没有？”

设想答案4

“不太清楚。”

这个孩子可能是在隐藏自己的内心，也可能是真的不清楚。如果是前一种情况，表明孩子自己也在否定自己的想法，这可能是受到妈妈的影响。因为妈妈让他跟朋友好好相处，他想成为一个听妈妈话的乖孩子。如果是后一种情况，那么说明孩子对朋友可能还没有产生好恶等感情，仍然停留在表面的同龄关系上。

应答诀窍

妈妈要劝导孩子慢慢地思考一下，而不是给出负面、消极的反应。假如孩子在回答的时候有些紧张或者眼神躲闪，那就要下决心帮助孩子并认真地提出这个问题：“你可以把讨厌的朋友说给妈妈听。是不是有朋友欺负你？”如果孩子能够感觉到妈妈不是在责备他而是想要帮助他，他往往会实事求是地说出自己的心里话。

✔

“再好好想想吧。”
“俊浩，你好好看看自己的内心吧。”

✘

“原来你讨厌回答妈妈的问题啊。”

有没有朋友欺负你?

与有讨厌的朋友相比，有朋友欺负自己的孩子这种情况更加严重。一想起那些孩子欺负自己的孩子，父母就会火冒三丈，内心痛苦。重要的是很多父母并不知道自己的孩子被谁欺负或者事情发生了很久之后才知道，因此父母一定要问问孩子这个问题。

设想答案1

"××欺负我。"

对这个回答要引起重视，这很重要。因为即使别的孩子只是开玩笑的一句话或者一个行为都可能被孩子理解为"欺负"。这一时期的孩子还不能很好地猜透对方的意图。有的男孩因为顽皮而做出一些令女孩厌烦的行为，女孩就会认为自己受到了欺负。所以当孩子说自己被朋友欺负时，妈妈要考虑到这个朋友的性别，对这个问题做出正确的判断。

应答诀窍

妈妈要向孩子传递一个信息——你受到欺负妈妈很惊讶，这点很重要。因为妈妈生气只会让孩子心情更加沉重或者更加不安，还可能引发负罪感，所以要克制。通过仔细听孩子的讲述可以大致猜到孩子受欺负的程度。如果家长判断事态严重，要尽快去学校找老师沟通。不过如果孩子比较敏感，那就亲自去观察一下孩子说的那个朋友，或者听听其他孩子的说法。

"××是个什么样的孩子呢？仔细跟妈妈说说××是怎么欺负你的？"

✕ "××欺负你？你就那么被他欺负？"

设想答案2

"有是有，但是不能说。"

这个回答隐藏着两个含义。一是想得到妈妈更多的关心，二是怕被那个朋友报复。换句话说，害怕朋友的报复其实是因为孩子认为妈妈不能帮他解决问题。也许以前也有过类似的经历但是妈妈没能帮助孩子解决，或者孩子认为那个朋友太强大招惹不起。

应答诀窍

听到孩子的回答后，妈妈要告诉孩子自己打算如何帮助他。可以提出几种方法："妈妈去告诉老师。""妈妈让爸爸来帮助你怎么样？"……孩子感受到妈妈的诚意之后会开始倾诉。如果出现以下几种情况，那么父母一定要介入，以免情况变得更加严重。这些情况包括：孩子持续受到欺负，孩子受到暴力袭击，孩子受到集体欺负等。

"你和谁之间发生了什么事情能仔细地告诉妈妈吗？"

"告诉我是谁吧。妈妈不会就这么算了的！"

设想答案3

“没有。”

能听到这个答案是幸运的，也是理所当然的。朋友之间互相友爱是这一时期孩子的正常人际关系。即使现在的校园暴力或者集体霸凌有低龄化和程度增强的趋势，但这一时期的孩子仍然是单纯的。

应答诀窍

听到这个回答之后，父母要先表现出安心。但还要再次确认是否真的没有人欺负自己的孩子。妈妈可以跟孩子说：“如果你有心事，与其你一个人闷在心里，不如把它们说给妈妈听。”“当然，我们的××也没有欺负别的朋友吧？打朋友或者欺负朋友是不文明行为。”

✓ “如果有朋友欺负你，一定要随时告诉妈妈。”

✗ “你也不要欺负别的朋友。”

设想答案4

“那些孩子绝对欺负不了我。”

这样回答的孩子大致有两种情况。一种是以前受过欺负，但是现在自己变得强大了，所以向其他人发出宣言：“你们不能再欺负我了！”另一种是自己特别强大谁也欺负不了他，他可能正在欺负别人。

应答诀窍

妈妈在考虑过以上两种情况之后再向孩子提问。即以前有没有被别人欺负过，有没有欺负过别人。告诉孩子：“欺负朋友会让朋友的身体和心灵受到伤害，是坏行为。”“如果你力气比别人大不是应该做得更好吗？你能保护那些弱小的朋友更棒。”

✓ “让朋友的身体和心灵受到伤害是很不好的行为，是吧？”

✗ “或许不是你欺负别的朋友吧？”

关键词 03

不安

你的孩子对什么感到不安？

不安是每个人都会经历的一种感受。在人生每一次重要的考试之前，或者每一次需要做出重大选择的瞬间，谁都会感到不安。特别是7～10岁的孩子，如果他们被不安这种负面情绪所困扰，长此以往不利于孩子的成长。举例来说，和妈妈有分离焦虑的孩子会拒绝上学，或者上课的时候也会想妈妈而无法好好听课。

如果孩子在分离时感到不安，妈妈最先应该想想自己对孩子的养育是否在质量和数量（时间）上都很充分，其中更重要的是养育质量。无论妈妈照顾了孩子多长时间都可能会产生分离焦虑。无论妈妈是不是经常对孩子说一些带有威胁意义的话（“你这样的话妈妈就离开家不再照顾你了”“把你从家里赶出去”等），当妈妈情绪起伏很大，出现一些非常态的养育态度时就会这样。由于无法预测妈妈什么时候会生气，什么时候心情会变好，所以孩子总是在妈妈身边转悠，想观察妈妈的表情或者行为。因此这时就要改善妈妈的养育行为。

相反地，如果妈妈的养育质量非常高，可是绝对时间不足，这也是个问题。这比较适用于上班族或者私营业主。这样的人上下班时间基本固定，让孩子领悟到和妈妈分开及相见的时间具有规律性（或周期性），分开的时候也要留出充分的时间和孩子对视交流。

当孩子遇见陌生人时，也会感到不安。强迫孩子向陌生的邻居打招呼反而不好。对这样的陌生人要用语言令孩子安心并让他们自然地经常接触，一段时间之后孩子的不安就会消失。如果孩子害怕动物，可以用书或者玩具来解决这个问题。给孩子买一个狗、猫、恐龙之类的玩具，让孩子随心所欲地摆弄，孩子就会战胜对这种动物的不安。也有孩子害怕打雷等自然现象。这个时候妈妈一定要抱着孩子，告诉他虽然声音很大但实际上一点儿事都没有，让他安心。孩子对医院也有恐惧心理。因为孩子在生活中有过在医院疼痛的经历或者记忆。去医院的时候带一件孩子喜欢的东西也是一种解决方法。

假如在没有外部环境因素的情况下孩子依然表现出不安甚至严重到影响日常生活的程度，就需要到医院找专科医生进行咨询。

你有什么担忧?

随着孩子慢慢长大，他们也渐渐开始有了自己的担忧。这是很自然的事。虽然不像大人的担忧那么多，但是孩子也明白了一个事实，那就是在幸福舒适的生活中也会有绊脚石出现。绊脚石在心里占据了较大的空间时就会变成担忧。

设想答案1

“学习。”

听到孩子说现在就已经开始对学习感到担忧，父母会不禁长出一口气。但是对于孩子的回答要认真对待，反省一下作为妈妈是不是有些过分地强调学习。很多妈妈在孩子上学之前都偏向于全方位人才教育，上学之后却风格突变只强调学习，这样孩子会感觉思维混乱。突然的环境变化是孩子感到巨大压力的主要原因。

应答诀窍

对于孩子发出的SOS求救信号要首先表示出“我会帮助你的”。妈妈要帮孩子减轻学习上的心理压力。孩子的固定观念认为学习不好或者不学习的话妈妈就会生气，因此妈妈需要推翻孩子的这个固定观念。与减少学习量相比，即使孩子学习不好或者不学习妈妈也不批评他更好。当孩子说学习很难的时候，可以适当调整学习内容，同时还可以减少学习量。现在就进行约束式的学习没有什么意义，而且这个时期是让孩子爱上学习重要时期，千万不要让孩子产生厌学情绪。

✔ “我们宥敏在担忧学习吗？让妈妈来帮助你减少担忧吧。”

✖ “现在就觉得学习难，以后可怎么办啊？”

设想答案2

“老师说我。”

担心被老师指责或者责骂是这一时期的孩子具有的一个特点，所以为了不被老师责骂会努力向好的方向前进。万一被老师指责也完全不会在意。如果孩子为这件事感到担忧是正常的，如果因此而感到愤怒就可能会成为问题。

应答诀窍

首先要问一问孩子有没有受到过老师的指责，等待孩子的回答。如果孩子回答“是的”，那么就告诉孩子现在的担忧是正常的；如果孩子回答“没有”，那么就要安抚孩子说只要像现在这样表现就不会受到老师的批评。还要告诉孩子只要是学生就有可能会受到老师的指责。与经常受批评的朋友相比，如果旁观的孩子更加忧心忡忡，那么孩子可能会有很高的不安倾向，需要父母细心观察。

“老师批评你帮助你，你改正了就又是好学生了。”

✖ “是你做错了老师才说你的吧？”

设想答案3

"被爸爸妈妈批评。"

请感谢孩子能够在父母面前给出这样诚实的回答吧。否则父母是很难知道的。父母会思考："难道我那么批评他会让他担忧吗？"也有父母认为只有让孩子害怕和担心被批评才能将他好好养大。但是太过担心有时会让孩子感到巨大的压力，所以一定要把这个问题放在心上。

应答诀窍

如果对孩子说"如果你不做错事就不会被爸爸妈妈批评的，所以不要担心"，那么孩子心里可能会想："我没有信心总是达到爸爸妈妈的期望，那以后可能还得继续挨批。"担心害怕被批评是一件正常的事情，但我们不希望这种担心总是盘踞在心里。因此，与批评相比，要增加表扬孩子的次数。父母的作用不正是减少孩子的担心吗？

✔ "我们宥敏在担心被爸爸妈妈批评啊。妈妈还真不知道呢。"

✖ "如果你表现好，爸爸妈妈为什么要批评你呢？"

设想答案4

"朋友们不跟我玩儿。"

如果朋友们都不跟孩子玩儿会诱发孩子的很多负面情绪，如惊讶、惶恐、羞耻、愤怒、挫败、忧郁不安和担忧等。正在担心"朋友们明天会不会也不跟我玩儿"的孩子会遭到"预期焦虑症（anticipatory anxiety，对未来感到不安）"的突袭。

应答诀窍

首先要对孩子的心情表示理解，然后告诉孩子妈妈会帮助他消除心中的苦恼。这是在给孩子希望。通过提出意见和问题来和孩子展开谈话。"朋友们喜欢的游戏可能跟你喜欢的不一样""朋友们在你说话的时候都避开了吗""这些朋友当中最善良的是谁呢"等。在这种情况下，孩子是不会说"不用管那种朋友，他们不跟我玩儿我自己玩儿"的。

✔ "我们宥敏因为朋友心里很不舒服啊。和妈妈一起想一想怎么和朋友们一起玩儿吧。"

✖ "好好想想朋友们为什么不跟你玩儿吧。"

Q10

你在什么时候会感到不安?

只要是人，都会在人生的各个时期经历不安的情绪。只不过一般人没有被不安所包围，能够维持比较稳定的情绪。但是少许的不安也会成为人生发展过程中的催化剂。考试前夕没有一点儿不安的孩子根本就不会学习，而哪怕只感到一点点不安的孩子为了能够缓解不安情绪也会努力学习。

设想答案1

“没完成作业的时候。”

孩子现在正感到不安，担心被妈妈（老师）批评。也许更成熟一些的孩子会因为自己没有尽责而感到不安。事实上，由于没有尽到道德上的责任而感到不安是非常必要的。这也意味着孩子进入到应该培养责任感的时期。

应答诀窍

当大人在没能完成应该完成的事情时心里不是也会感到愧疚和不安吗？所以希望父母在抚慰孩子的不安情绪之前能够先感受到孩子的成长是多么难能可贵。同时妈妈也要告诉孩子自己也有过相同的经历。这是一个很常见的问题。“不是怕被妈妈批评，而是你自己心里感到不舒服所以才会不安。”这句话也有助于孩子建立责任感。

✔ “不做作业感到不安，说明孩子你很有责任感。”

✖ “所以要先把作业完成啊。”

设想答案2

“妈妈不让我玩游戏的时候。”

孩子害怕妈妈采取措施限制他玩游戏。他在猜想由于自己现在玩游戏太多或者没能遵守与妈妈的约定，妈妈会禁止他玩游戏。通过孩子的这个回答可以看出游戏对于他非常重要，禁止他玩游戏是管制孩子的一个相当有效的手段。

应答诀窍

先让孩子不安的情绪稳定下来。妈妈要谨慎使用那些带有责备意味的话，如“什么，对这个感到不安？你就那么喜欢玩游戏？真是让人失望”等。孩子在做出诚实回答的同时也希望把自己的这种心情告诉妈妈。因此妈妈不要把这个当成以后乱用禁止游戏这种手段的机会，反而应该把它看作一个契机，让孩子知道要想继续玩自己喜欢的游戏就需要先完成作业。另外，妈妈还要修正用词，不是不让玩游戏，而是对游戏进行调整。

“俊浩最不安的事情是不让玩游戏吗？”

✖ “把作业先做完不就行了吗？”

设想答案3

“朋友嘲笑我、欺负我的时候。”

想象一下孩子遭到嘲笑和欺负的时候心里的感受吧。父母一定会心痛到极点，气到要爆炸。孩子要有多痛苦才能做出这样的回答呢？这一时期的孩子应该是比任何人都要幸福、快乐的，朋友的嘲笑和欺负会给孩子的情绪发展带来十分消极的影响。

应答诀窍

请对孩子说出安慰、共鸣以及理解的话吧。但是绝对不能激动，如果妈妈激动得发火或者没能控制自己的情绪反而会令孩子更加痛苦。所以与生气相比，妈妈更需要的是向孩子传递这样一个信息：“我会跟老师说以后不让别的朋友再欺负你。如果你真的感到痛苦、孤独就和妈妈一起去学校吧。”虽然最后能够平定孩子不安情绪的是朋友的改变，但是在这之前首先需要妈妈能够说出让孩子安心的话，做出让孩子安心的行动。

✔ “从现在开始妈妈会帮助俊浩消除不安。”

✖ “你为什么就那样等着朋友欺负你呢？”

设想答案4

“没有。”

孩子说没有让自己感到不安的人或事，这是多么幸运和幸福的事情啊。妈妈在听孩子回答的时候，还要注意观察他的表情和语气。如果他在回答的时候是积极的、充满活力的，那么说明他真的是在满怀自信地生活。如果孩子思考一阵之后才做出回答也没有关系，因为这是他在慎重考虑之后做出的决定。

应答诀窍

首先要恭喜孩子没有令他不安的事物。但是无论是谁都会在人生中的某段时间经历不安这种情绪。父母需要向孩子说明不安的本质和不可避免的特点。“以后当你感到不安的时候，一定要告诉妈妈好吗？把你的不安说出来就能减少不安，很神奇的。”如果孩子听到后能够点点头就太好了。可如果孩子说“以后我绝对不会感到不安的”怎么办呢？这个时候妈妈就要这样告诉孩子：“我也那样希望，但感到不安不等于没出息。善良的人反而更易感到不安。”通过这句话来减少孩子对于不安的抗拒。

✔ “你说心里没有不安太好了。妈妈真的很高兴。”

✖ “谁都会感到不安的，你很快也会感到的。”

Q11

你害怕什么?

比不安更加强烈、刺激的感受就是恐惧和害怕。孩子都会有自己害怕的事物。害怕的对象也是多种多样，可能是某种生物，也可能是某种活动，还可能是某个地方。害怕那些客观上本来就可怕的东西没有关系，如果孩子害怕那些客观上不太害怕的事物就需要父母进行细心观察和特别指导了。

设想答案1

"什么也不害怕。"

很多孩子都会给出这个回答。一般学龄前儿童都会害怕黑暗、机器、噪声、自然现象、害虫、猛兽等各种事物，但是上学之后，孩子们通过自己的经历知道了以上那些东西并不是那么可怕。不过有些不安倾向较高的孩子仍然会害怕"鬼"或者"怪物"。

应答诀窍

父母首先要称赞孩子长大之后更加勇敢、有朝气了。同时也希望父母能够再附加一些说明的话，比如："对，你小时候听到打雷就往妈妈怀里钻，现在不那样了。知道打雷只不过是一个自然现象了，是吧。"事实上，孩子应该也已经知道了，可是妈妈代替自己把心里的变化过程进行了说明，这让孩子能够更加确信自己变勇敢这件事。如果孩子说："现在还是有点儿害怕外星人。"那么妈妈要让孩子安心，告诉他："是啊，妈妈第一次见的话，应该也会害怕。"

✔ "太好了！我们宥敏现在没有害怕的东西了啊。"

✘ "真的？真的什么都不怕？不是害怕打雷和闪电吗？"

设想答案2

"害怕在别人面前发言。"

是的，这样回答的孩子还真不在少数。这些孩子经历的就是"发言不安"。与上学之前相比，上学之后这种现象更加突出。因为他们要面对以前没怎么意识到的别人的眼光和评价。每当孩子发言的时候，孩子就会感到害怕和紧张。某些特殊情况下有的孩子成年之后依然会有这样的问题。

应答诀窍

无论何时，了解孩子痛苦的内心并且用语言进行安慰都是妈妈首先应该做的事情。妈妈要告诉孩子自己也有过同样的经历，让孩子意识到妈妈和自己是同一战壕的人，还要告诉孩子解决方法以便让他充满希望。具体来说，孩子在发言前应该做好思想准备和内容准备。最后告诉孩子实际行动指南："有一种方法是想象自己正站在很多人面前，然后开始练习发言。"

✔ "妈妈以前也是这样，很害怕在别人面前发言，锻炼一下就会好的。"
"不过听说有不会害怕的方法。"

✘ "害怕那个？其他人也发言啊。"

设想答案3

“害怕爸爸生气打我。”

爸爸在家越是权威，孩子这样回答的概率就越高。孩子可能有一个偶尔会施加暴力的爸爸。如果真的是这样，爸爸就需要进行反省并改正。哪会有不怕挨打的小孩子呢？孩子在诉说从爸爸那里感受到的恐惧和害怕的同时，他的内心深处还隐藏着怨恨、愤怒等情绪。

应答诀窍

听到这个回答之后，妈妈要先认同孩子的感受。那些父母认为合理、正当的解释，比如“是你该打爸爸才打你的呀，如果你没做错事，爸爸就不会打你”，这样的话不仅无法让孩子接受，还会在不知不觉中让暴力变得正当化，对教育毫无用处。如果爸爸的体罚或者暴力教育已经到了危险的程度，那么就要跟孩子说：“妈妈现在就去跟爸爸说不要再打你了。”“妈妈没能保护你，对不起。”虽然只有短短两句话，但是能够稍微减少一些孩子心里对爸爸的怨恨、对妈妈的寒心、对自己的无力感等。

✔ “原来你害怕爸爸呀。爸爸打人不对！妈妈现在就去跟爸爸说今后不能打人了。”

✖ “爸爸也是因为你该打才打你的啊，所以以后要好好听爸爸的话。”

设想答案4

“害怕妈妈责备我。”

这个回答意味着妈妈的责备已经发展到很严重的程度。很多孩子都不喜欢妈妈的责备，可如果孩子感到害怕就有些不正常了。妈妈在责备孩子的时候进行了体罚或者非常严厉地发火，都会让孩子感到害怕。

应答诀窍

妈妈要认同孩子的主观感受，实事求是地承认自己的错误并道歉，和孩子约定以后一定会改正。有的妈妈可能会想：“我没有那样责备过他呀？”这是因为孩子的主观感受和妈妈的主观感受存在差异造成的。但是，与其纠结实际情况如何，不如把焦点放在孩子的主观感受上，这才是明智的育儿方法。

✔ “原来妈妈很严厉地责备过宥敏啊。”“对不起，以后不会再让你感到害怕了。”

✖ “妈妈什么时候那样发过火啊，你这么说。”

Q12

你担心考试成绩吗?

这一时期的孩子开始经历考试与评价。学生时代的有些情况与步入职场之后完全相同。考试成绩全部数值化。直面将自己能力全部用数字表现出来的冷酷现实，致使孩子在自己能力未达到预期时感到挫折，或者为了维持自己的好成绩而感到压力。

设想答案1

"不担心，努力就行了。"

这是一个有些大人特征的稳重回答。事实上，当我们向大人提出同样的问题时，给出这个答案的人一般在心理上较为稳定。所以对于这样回答的孩子，父母不用担心。

应答诀窍

要给孩子的回答加油鼓劲儿。发出"真了不起"的感叹也不错。即使孩子有些得意也没关系。可以再加上一句："你能那么想，妈妈也不用再担心了。"能够找到现实解决方法、令自己安心的人可以对周围的人产生积极影响，所以像这样的孩子，父母只需在他需要帮助时提供帮助就行了。

✔

"是啊，没错。与其担心，不如用这个时间来学习更好。"

"妈妈想知道，俊浩怎么会有这么了不起的想法呢？"

✖

"那这次可以考100分了吧？"

设想答案2

"有一点儿担心。"

这是一个最常见的回答。小学低年级的时候，父母比孩子更关注成绩，但是有一些求知欲强或者有好胜心的孩子会非常在意考试成绩。也有一些孩子担心让父母难过或者担心得不到表扬而担心成绩。但是那些因为怕被父母责备而担心考试成绩的孩子就有些不幸了。

应答诀窍

父母要告诉孩子他的担心是正常的。但是要调节孩子的心情，不要让他过于担心。妈妈可以问问他："能告诉我你为什么担心吗？"这可以成为一个了解孩子考试态度的契机。孩子可能会回答"我总是想考100分""因为我学习最好""考出好成绩才能得到老师表扬"等，通过这些回答可以了解孩子的心理。

✔

"谁都会担心考试成绩的。"

"因为担心成绩，所以才要努力学习正常发挥啊。"

✖

"光担心能干什么？你得努力学习啊。"

设想答案3

“一点儿也不担心。”

真的是这样吗？如果真的是这样，那么意味着这个孩子相当乐观，不安指数接近于零。如果对学习成绩完全不担心，没有了解到学习的重要性，导致完全不把学习当回事。但是有很多孩子还是担心成绩的，可表面上却予以否认。妈妈的任务就是要搞清楚孩子内心的真实想法。

应答诀窍

首先要认同孩子大方的回答。不过如果感到孩子对学习的态度有些懒惰，那么就要指出来。如果看出孩子的内心与回答并不一致，那么就要跟孩子说：“担心成绩的话就实事求是地告诉妈妈，没有关系的。”然后再用一些话来让孩子知道他的感受很正常，比如：“对考试成绩感到担心是正常的，谁都一样。”最后还要告诉孩子把自己的感受实事求是地表达出来非常重要。

✔ “一点儿也不担心吗？好吧，不担心的同时能努力学习就更好了。”

✖ “后天就考试了，怎么能一点儿都不担心呢？”

设想答案4

“是的，担心考不好妈妈会生气。”

这是这一时期孩子最常见的回答。随着时代发展，竞争从小学低年级就已经开始了。这背后当然少不了父母。父母为了使自己的孩子成绩高过别人、阅历广过别人而忙碌，这样的父母也会让孩子渐渐感到不安。

应答诀窍

首先还是要对孩子的感受表示认同。之后妈妈要对自己令孩子感到痛苦的地方进行真诚的道歉。孩子没有认真学习的时候应该批评，但是父母不应该只针对考试成绩进行批评。就好像对过程的表扬要比对结果的表扬重要一样，与结果相比，对过程的批评更重要。最后还要加上一句话：“与妈妈的批评和表扬相比，你能够为了自己开心而努力地学习更重要。”

✔ “你是因为怕妈妈责备而担心吗？”
“看来妈妈之前批评得有点儿严厉了。以后不会了。”

✖ “所以你就更努力点儿把试考好不就行了吗？”

关键词 04

才能

你的孩子具有什么才能?

才能是这一时期父母比较关心的关键词。我的孩子到底有什么才能?怎么做才能发现并培养孩子的才能呢?这是很多父母都非常关注的。父母会对那些小时候很早就开始背英语单词的孩子表示叹服,对那些足球神童表示钦佩。但是随着时间的流逝,孩子的才能差不多都会被埋没。孩子越长大就越明白,他不是天才,只是一个平凡的人或者比别人稍微强一点儿的人。可千万不要失望或者感到受挫,孩子的才能一定是隐藏在某个地方,或者没有被完全发挥出来。从现在开始努力寻找吧。

妈妈需要特别记住的一点是不要拿自己的孩子和别的孩子作比较。一旦开始拿自己孩子的才能和别的孩子作比较,不仅孩子的自尊心会受到伤害,妈妈的内心也会受伤,容易变得急躁。父母应该让孩子增加阅历,同时很自然地了解孩子的兴趣爱好、喜欢的活动、能力水平等。如果孩子对哪一部分特别感兴趣,那么父母就要对这一部分经常提及并让孩子参与,这十分重要。这样不仅可以发现孩子的才能,还能让才能发挥得更好。

孩子的才能大部分需要后天培养,依据父母采用的不同培养方式,才能有可能消失,也有可能得到发展结出饱满的果实。为了能让孩子的才能得到最大程度的发挥,需要以下几个条件:第一,父母和孩子的默契很重要。

夫妇之间要有默契才能长久生活下去，同样的，父母和孩子之间要有默契才能取得更好的教育效果。拥有卓越才能和成就的人往往与父母有着深厚的感情。第二，要尊重孩子。承认孩子是一个独立的个体，然后对他的想法和感情给予尊重。也就是说，无视孩子的立场，父母单方面逼迫孩子，令孩子无法专注于某一特定领域。没有他人的指令，而是自己主观上想要去做，这样往往能取得更丰硕的成果。孩子的根基不是别的，正是父母对他的尊重。第三，不要对孩子的失败进行指责。举例来说，世界最优秀的选手在到达今日地位之前，有谁没有经历过失败和挫折呢？通过失败可以向成功迈出一大步，而这里起到决定作用的力量就是父母的慈爱。第四，需要刺激孩子不断地进行挑战。奥运冠军在拿到冠军之前可能已经是国内冠军，再之前可能是省冠军。不过他们从未满足，不断努力获得更高的成就，最终获得奥运金牌。获得成功的因素是多方面的，既有选手个人的努力，也有父母、教练等人的教导。把这些人的成功看作他山之石，让我们去发现孩子的才能并使之开花结果吧。

Q13

你最近对什么感兴趣？

孩子喜欢和擅长的事情逐渐变得清晰。不过现在父母还不要草率地作出判断，孩子以后还会继续发展和变化。学习是这一时期重要的发展课题之一。这里所说的学习绝对不单是指学习书本上的东西，而是指领会学习方法、人际关系、创意性等多种事物的过程。学习的基本要素是关心和兴趣。所以，好好掌握孩子的兴趣所在是最重要的。

设想答案1

“画画。”

大概有人在看过孩子画的画之后发出过“呀，画得挺好呀”这样的感叹和称赞，孩子一直记着这个画面。因此明白了一件事：“我是个画画好的孩子啊。”对自己擅长的事情感兴趣是再正常不过的一件事。即使画画不是很好，但是每当有苦恼的时候就会用画画来化解，有过这种经历的孩子也可能会说对画画感兴趣。

应答诀窍

父母要认同孩子的想法。事实上，妈妈已经感觉到了，一直以来，每当孩子有时间，他就会画画或者乱涂，那么说明这个孩子应该是喜欢画画的。有画漫画的孩子，也有画画讲究技巧和色彩的孩子，无论是哪一种都没关系。绘画可以让孩子的情绪变丰富，音乐也一样。唱歌、演奏乐器、欣赏音乐等，这些活动都能给孩子的心理发展带来帮助。带着愉快的心情尽情提出问题吧，和孩子之间的对话会延续不断地进行下去的。

✔

“没错，我们有敏对画画很有兴趣。”
“想再多学习一些画画吗？”

✖

“是吗？妈妈以为你最近喜欢滑板游戏呢。”

设想答案2

“学习，特别是××（数学、语文等）。”

这是大部分父母期待的回答。学习好和喜欢学习是不一样的。喜欢学习、总能对学习充满兴趣的孩子学习肯定不会差。也许他现在还没有达到父母的期望，但总有一天会发出光彩的。不过，如果说出来的答案并不是孩子的本意，而只是为了让父母高兴，那么父母的好心情只是暂时的。

应答诀窍

给孩子鼓励，告诉他以后也要认真地学习。因为有时候孩子在低年级时过度自信，进入高年级后学习内容变难，对学习的兴趣会急速下降。“那么除了××（数学、语文等）之外，你觉得哪门课最有意思呢？”这个问题虽然多少带有一些父母的贪心，但是可以帮助孩子扩大他的兴趣领域。如果孩子给出了一个极端回答：“但是我特别讨厌××这门课。”那么妈妈就要告诉他：“我们一起来想一想怎么做才能有一点儿喜欢××这门课吧。”

✔

“以后也要让学习变得有意思。假如碰到了难题，也可以慢慢地思考，没关系。”

✖

“其他科目也很重要，那些也要努力学习。”

设想答案3

“电脑游戏。”

很多妈妈都会说早就知道孩子会这样回答。电脑、互联网、手机，这些新兴媒体让很多父母伤透脑筋。既然孩子做出了这样的回答，父母就要打起十二分精神，从现在开始好好对孩子进行观察和监督。

应答诀窍

对孩子的责备只会起到一时的效果。所以“你怎么非得对电脑游戏感兴趣”这样的话一定要忍住别说出口。再加上孩子实事求是地讲出了自己的兴趣所在，这个时候批评他也会有问题。而此时妈妈的作用就是要让孩子进行思考，拓宽自己的兴趣范围，或者诱导他转换兴趣对象。与责备相比，妈妈更需要向孩子说明为什么学习更重要，为什么要限制玩电脑游戏的时间，这样多次对孩子进行说明是更有用的方法。

✔
“我们有敏最喜欢玩电脑游戏啊。妈妈也知道。”
“不过电脑游戏玩得太多会慢慢变得不喜欢学习的。”

✖
“为什么只对电脑游戏感兴趣？世界上有意思的东西那么多。”

设想答案4

“没什么。”

比起对电脑游戏、足球、玩儿等感兴趣，这个回答更让人担心。这是从那些处于没兴趣、没情绪、没欲望等忧郁状态的孩子身上经常可以发现的状态或者症状。现在上小学二年级的孩子说对什么都没有兴趣，那么往往意味着他的内心很受伤或者很疲倦。

应答诀窍

对孩子的这个回答，妈妈要表现出担心和忧虑，然后再向孩子解释一下什么是兴趣，让他再多思考一下。如果孩子思考之后能够说出“啊，我对足球感兴趣”就太好了。如果孩子在思考之后的回答仍然是“没有”，妈妈就需要好好观察一下孩子的情绪状态了。可以向孩子提出几个问题，“最近心情不好吗”“感觉什么事都很烦吗”等。如果得到的是肯定回答，那么可能需要带孩子去医院咨询一下了。

✔
“你对什么都没兴趣，妈妈听了很着急啊。”
“能再好好想想吗？”

✖
“不想跟妈妈说吗？你这叫什么回答呀？”

Q14

你想学点儿什么？

如果孩子说喜欢收音机中传出的钢琴声或者小提琴声，那么就让孩子学习乐器吧。如果孩子说喜欢图画或者想画些什么，那就让孩子学习美术吧。但是直接询问孩子想学点儿什么的这个过程绝对不能省略。让孩子学什么之前必须得到孩子的同意。

设想答案1

“跆拳道。”

如果做出回答的是一个小学低年级男生就太正常了。这一时期的男孩都喜欢跆拳道和足球等运动。如果是女孩做出了这个回答也不要担心，近年来喜欢跆拳道的女孩也不少。跆拳道也好，围棋也好，小提琴也好，只要孩子有心想学习就要满足孩子的愿望。

应答诀窍

如果孩子现在上的各种班已经处于饱和状态，即使需要做出调整也要给孩子留出学习跆拳道的时间。孩子在学习自己想要学的东西时潜能可以得到最大限度的发挥。在妈妈的强制下学习的钢琴进展缓慢，而在学习自己想学的跆拳道时却进步神速。父母还可以通过一些简单提问来了解一下孩子想学习跆拳道的心理动机，比如“跆拳道有意思吗”“跆拳道看起来很帅吗”等。

✔ “是吗？知道了，不过你为什么想学习跆拳道呢？”

✖ “你又想学多久？不是学一阵子就不想学了吧？”

设想答案2

“学习好。”

这是一个对学习充满追求的孩子，而且大概有着较强的好胜心。他已经知道自己学习很好这件事情马上就会得到老师、父母以及其他孩子父母的肯定。这就类似于大人对名誉和权力的追求。这难道不是更想享受“学习好的学生”这个称号所带来的快乐吗？当然，由于平时学习不好而感到烦恼和自尊心受挫的孩子也可能会给出这个回答。

应答诀窍

对孩子的回答要先给予认同。虽然想学习好是孩子自己的心愿，但父母问的是“你想学点儿什么”，孩子怎么会给出这样一个答案呢？再问问孩子想把学习搞得更好的理由吧。虽然孩子认为学习重要是自己的想法，但是这些想法大部分都来自父母。父母要反省一下是不是在不知不觉中很希望孩子成为一个优秀的学霸。

✔ “想把学习搞得更好？更想学习哪一门课呢？”

✖ “是，只有好好学习将来才能成功。”

设想答案3

“什么都想学。”

哇！真是个“贪心”的孩子啊。什么都想知道，什么都想学，这样的孩子对于知识的好奇心非常强烈。妈妈在高兴的同时也会有些担心，像这样对学习充满热情和欲望的孩子在将来如果遇到大的困难或挫折时能否顺利地克服。

应答诀窍

在对孩子的热情表示肯定的同时还要告诉他比较现实的可行性方法。再一次向孩子提问：“把你想学的东西一个一个告诉我吧。”孩子大概会罗列出几个答案。那么紧接着就要提问：“这几个中间选一个你最想学的吧。”所有的事情都有个顺序，想学习的东西也一样，要定出一个优先顺序。当然也会有一些东西可以同时学习。父母要综合考虑孩子的时间、经济条件、兴趣、资质、可行性等因素后再做决定。

✔ “是吗？一下子全都学不太可能，从你最想学的那个先开始吧。”

✖ “只能选一个，妈妈没钱。”

设想答案4

“没有什么。”

这可以说是一个十分缺乏欲望和热情的孩子，也可能是一个学得太多已经感到厌倦的孩子。孩子缺乏热情和欲望是因为在这一段时间里几乎没有感受到过成就和学习的快乐。再者，一天之中学了这个又学那个，尽情玩耍的时间很少，这样的孩子只会对学东西感到厌烦，心里只想休息。

应答诀窍

听到答复之后绝不能批评孩子。如果妈妈认为现在孩子状态很好，或者只喜欢玩儿的话，妈妈就要对他进行劝导，让孩子找一找，哪怕只有一点儿兴趣也去学一学。妈妈还要向孩子承诺会帮助他，这是必需的。不要强迫孩子现在马上就去学什么，再次向他强调为什么只要学就足够了。如果孩子已经在学习好几种课程，就试着逆向提出一个问题：“对，时间不够啊。难道你没有不想再继续学的课程吗？”

✔ “现在不马上回答也没关系。妈妈也找找看。”

✖ “你怎么没有一点儿野心呢？”

Q15

你对做什么最有自信?

这一时期的孩子渐渐开始明白了自己什么做得好、什么做得不好。开始说诸如“我唱歌唱得好，但是画画不好”之类的话。对于这些情况的客观评价固然重要，更重要的是以父母为主的周围大人的态度和关心。也就是说，“你的歌唱得真好”这句话就可能成为孩子为成为歌手而努力的动力。

设想答案1

"英语。"

孩子可能因为单词知道得多或者发音好而被父母或者周围的大人表扬过，所以给出了这个答案。看着孩子自信地说出自己英语很好，妈妈心满意足。即使从客观上看孩子的英语并没有那么好也没关系，因为最起码孩子觉得英语有意思，对这个科目感兴趣。如果孩子有兴趣，再加上个人的努力，一定能把这个科目学好。

应答诀窍

要确认并保持孩子的自信。妈妈不要只把注意力放在孩子英语学得好上，而要放在喜欢英语这个事实上。虽然要一直学好英语可能有些困难，但是一直喜欢英语却容易做到。还有，像"你还差得远呢，比你学得好的人多的是……"这样的话要慎用。这一时期的孩子实际上有过分自信的倾向，这是发育学上很常见的现象。因为以后要经历许多挫折和失败，所以完全没有必要让孩子现在就提前遭受打击。

✔
"没错，我们宥敏的英语很好，而且你还喜欢。"

✘
"妈妈觉得你还差得很远呢，英语好的人真的很多。"

设想答案2

"吃饭吃得快。"

这次给出的答案不是特定的课程和活动，而是日常生活中一个细小的行为。对于这个提问，有些孩子也会回答衣服穿得快或者洗澡洗得快等。这是这一时期的孩子中较为常见的答案。孩子认为自己做得好并为之自豪。如果以前父母对孩子吃饭快的样子感到过吃惊，孩子就会得意扬扬，每次吃饭都想要吃得快一点儿。

应答诀窍

无论孩子对什么事情感到自信，父母都要给予肯定。当然，对于"打架厉害"等暴力行为不可以表扬。从现在开始要追问孩子自己有自信的事情是什么。还需要问问孩子有没有想做得更好的事情。如果孩子比较犹豫，那就用几句话来启发一下他："读书读得快吗""跑步跑得不快吗"等。如果孩子能够说出："没错，不管是什么我都能做得很快。"那就是巨大的成功。

✔
"没错，我们宥敏吃饭真的很快。"
"再找找能让你有自信的事情怎么样？"

✘
"吃饭快也值得骄傲吗？那样吃会噎着的。"

设想答案3

“都有自信，都做得很好。”

通过这个回答可以看出这一时期的孩子具有自信满满的特征。孩子觉得自己是这个世界上最了不起的人。这绝对不是过度妄想。实际上父母或者老师会经常表扬小学低年级的孩子。孩子的知识和生活技能发展得令人惊喜。孩子有了自信，慢慢会发展为自尊，这样可以诱发想学习并且熟悉某种事物的动机。

应答诀窍

千万不要用“可是你的拼音总是拼错啊”这样的话来挫败孩子的士气，而要说“以后要努力做得更好”。这样孩子可能会接着说“当然了，我知道”。这种时候妈妈回答“又多了一件值得表扬的事哦”就可以了。可是如果孩子说“我是天才，不用练习也都能做好”这样的话，那么父母就要想办法阻止一下他盲目膨胀的自信了。妈妈可以教导孩子说：“努力的人比天才更加优秀。”

✔
“没错，我们有敏什么都能做好。如果将来也能努力做得更好就好了。”

“你做不好的事情一件也没有吗？妈妈觉得有很多啊。”

设想答案4

“没有。”

这是一个心理上有些消极的孩子。正常情况下孩子应该有一两件感到自信的事情，可现在孩子说没有感到自信的事情，这是多么让人着急的事情啊。这个孩子大概没有得到过足够的表扬或者经常受到批评。如果父母现在就用孩子懂得谦虚来解释还为时尚早。

应答诀窍

即使现在还做不好，如果带着兴趣持续做下去就会产生自信。不要把自信心想得太高深，对自己想做的事情或者想再做一次的事情都会产生自信心。能力一点点地提升也会对自信心的培养有所帮助。与其盲目地建议孩子增强自信心，不如先让他获得小小的成就感。因此，降低孩子的作业难度也是一个有用的方法，等取得一定成效之后再慢慢增加难度吧。

✔
“没有一件事情有自信吗？”
“即使不是擅长的事情，如果你把喜欢的事情坚持做下去就会有自信的。”

✖
“怎么办呢？没有一件能做好的事情简直太糟了。”

Q16

你想做好什么事情?

孩子开始有了憧憬对象，眼睛里有了酷酷的运动和人物。当孩子看到活跃在NBA赛场上的篮球运动员时可能会产生想把篮球打好的想法，而且相信自己可以做到。在这么幼小的年龄还感受不到现实的高墙，梦想自己能够做好某件事情是他们在这个美好时期可以尽情享受的特权。

设想答案1

“学习。”

给出这个答案大概都是源于父母的影响。只有学习好才能成为优秀的学生，将来才能成为成功人士，然后人生才能幸福，这样的内容估计从父母那里听到过很多。按照父母的期待取得好的学习成绩，既能增强自信，又能让父母高兴，孩子有这样的想法也是一种有孝心的表现。

应答诀窍

要重新让孩子认识到学习的重要性。如果对孩子的想法有所怀疑，不要说“你真的那么想吗”，也不要说出“可是你只是嘴上说学习重要，实际上学习并不怎么努力”。这个时候反而要问问孩子除了学习还有没有其他想去做好的事情，以便扩大孩子的兴趣领域。向孩子过分地强调学习有时候可能反而会引起他的反感。

✔ “我们俊浩想把学习搞好啊。对，学习好就真的太好了。”

✖ “光嘴上说有什么用。你得努力啊。”

设想答案2

“踢足球。”

许多这个年龄的男孩都梦想成为一个优秀的足球运动员。为了能够实现这个愿望，他就需要拥有比现在更高超的实力，最终就有了想把足球踢好这个想法。实际上孩子能不能踢好足球并不重要，重要的是现在在孩子的眼中罗纳尔多或者梅西是世界上最帅的人。

应答诀窍

父母要让孩子的梦想尽情飞扬，这很重要。类似下面这样的话完全没有必要对孩子说，比如“你的实力根本不行”“你知道成为一个优秀的足球运动员有多难吗”等。对于说“我真的想唱好歌，将来成为一个歌手”的孩子也要采取同样的态度。如果孩子将来真的成为足球运动员或者歌手，那么现在这一瞬间就会成为其成功的一个基础。即使没有成为自己想成为的人这也会成为儿时的幸福回忆。

✔ “我们俊浩真的想踢好足球啊。想成为一个优秀的足球运动员吗？”

✖ “这之后想成为一个像××一样的足球选手吗？”

设想答案3

“希望像爸爸一样做好××。”

把爸爸看作一个竞争者也是这一时期孩子当中常见的一个现象。他们认为爸爸是这个世界上最了不起的人，于是也想变得和爸爸一样。特别是儿子更是这样。女儿也会做出同样的回答。看到爸爸在游泳池游泳的样子，孩子的反应用一句话来概括就是“爸爸了不起”。所以父母要时不时地向孩子展现自己做某些事情时的风采。

应答诀窍

在培养孩子自信的同时还要激发他的好胜心。先夸奖一下孩子，之后再用“努力练习赢了爸爸的话就太了不起了”这句话来激发他的挑战意识。孩子会相信这一天并不遥远，会努力地与爸爸较量一番的。当然，爸爸最后一定要败给孩子。失败之后爸爸要把自己再次努力练习的面貌展现给孩子，然后再次进行比赛，如果孩子又取得了胜利，那么就可以展开善意的竞争了。

“再努力一点儿就可以像爸爸做得那么好了。现在几乎和爸爸做得一样好。”

✕
“爸爸是大人，你是孩子，不能进行比较。”

设想答案4

“没什么。”

这是一个不喜欢竞争、没什么欲望的孩子。这样的孩子会让父母很担心。“我们家孩子一点儿欲望都没有。即使学习不好也一点儿都不觉得丢人。真是糟糕。”这是我在诊所常常听到的话。那么，孩子为什么缺乏竞争意识呢？最重要的原因就是对未来负面的预测，即孩子已经提前断定无论自己怎么努力最终还是不能比别人做得好。

应答诀窍

再问孩子一遍这个问题吧。孩子的答案可能还是“没什么”。这个时候妈妈不能对孩子感到失望或者责备孩子，而是应该带着一颗焦急怜悯的心用语言来安慰鼓励孩子。这之后再激发孩子的挑战意识并进行激励。要记住，做得好的事情不一定是学习，也完全没有必要去和别人进行比较。最重要的是找到孩子自己感到享受的事情。

✓
“我们俊浩的自信心下降了很多呀。每个人都会有那么一两件事想做好的。”

✕
“怎么会有这样的想法？就因为你那么想，所以实际上才没有一件事能做好。”

关键词 05

勇气

你的孩子有勇气吗？

勇气是什么？勇气就是对现有状况不畏惧并且可以直接面对的心态。你可能会认为期待7～9岁的孩子有勇气有些过分。绝对不过分。这个时期正是开始培养勇气的时期。举例来说，明明知道会被妈妈批评仍然如实承认错误的行为正是一个勇气的具有代表性例子。还有，被力气大的孩子欺负的时候可以说出“不要这样”也是勇气的表现。在自行车不再摔倒之前不断地尝试，在妈妈的劝导下吃自己从未吃过的食物，和爸爸一起攀爬看上去很难爬的高山等，都是培养勇气的过程。

除了勇气之外，这一时期的孩子需要学习的品质还有几个，首先就是关怀。为晚回家的爸爸留一盏灯，和朋友一起玩儿的时候不忘带上弟弟妹妹……这些都是关怀。这样的关怀之心要从小变成习惯。孩子原来都是以自我为中心的，可是随着与父母的感情交流渐渐懂得了关怀。所以，为了教给孩子关怀之心，父母首先要对孩子充分给予关怀，这是很重要的。因为只有得到关怀的人才能给予别人关怀。爱也是如此。在爱之中成长起来的孩子会把自己得到的爱分享给他人。父母要随时向孩子表达：“因为你的存在，爸爸妈妈是多么幸福，你对爸爸妈妈来说是多么珍贵。”除此之外，7～9岁这一时期一定要知道的品质还有以下几个。

自信：对于自己的相信与肯定。要多给孩子表扬和鼓励，还要多给孩子自己做决定和行动的机会。

责任心：给自己的花浇水，整理自己的玩具，遵守承诺等，经常给孩子创造愉快学习以上责任感的机会吧。

合作：和妈妈一起抓住被子的两边抖去灰尘，和弟弟一起打扫房间等，这些都是合作。在日常生活中和兄弟姐妹一起开心地玩一些需要大家齐心协力才可以进行的游戏吧。

亲切：就是关怀别人的心意和态度。在这里，父母亲切有礼貌的榜样十分重要。

忍耐：对孩子来说忍耐是十分痛苦的。但是一边和孩子们玩拼图、多米诺等游戏一边告诉他们，如果能够忍耐就可以取得更好的结果。

宽容：所谓宽容，就是接受与自己的不同或者接受别人的失误。学习宽容就是要站在他人的立场上考虑问题，这很重要。经常玩一下角色扮演游戏会很有帮助。

正直：和勇气是“亲戚”。正直的孩子无论面对什么人都是昂首挺胸、绝不退缩。但是对于成长中的孩子来说，谎言可以说是他们的一个必经程序。

感谢：给孩子留出时间，让他们给平时需要感谢的人写一封感谢信吧。这样孩子会更容易理解感谢的价值。

谦逊：如果想培养一个谦逊的孩子，那么即使孩子说这是他擅长做的事情，也要对他进行适当的表扬。

Q17

当你感到痛苦的时候做什么？

事实上，如何化解心里的痛苦对大人来说都不是一件容易的事。孩子是否能自己领会缓解压力的方法呢？也许可以。可以通过模仿父母或者朋友们的方法来领会，也可以从书里学习领会，还可以从自己短暂的人生经历中学习领会。关键要看这个方法是否具有危害性。

设想答案1

“就是……忍着。”

这是最容易也最难的方法。也就是说忍着是最容易想到和实践的，但是要想持续并且成功实践却又非常难，具有两面性。正是因为孩子还不太清楚化解心里痛苦的方法，所以会说“就是……忍着”。即便如此，做出这样回答的孩子大体都是善良的孩子，他们宁可牺牲自己也要忍下去。

应答诀窍

接受孩子的回答，但是不能到此为止，因为只会无条件地忍耐不是明智的做法。过分地忍耐是一种压抑，总有一天孩子会爆发。所以父母要问问孩子“如果你很难忍下去的时候怎么办”。如果孩子回答“发火”，那就再问问他怎么发火。如果孩子回答“砸东西”或者“打人”，父母就要提示孩子应使用一些有建设性的、可行的方法。

✔ “我们宥敏很能忍耐呢。万一忍不下去的时候怎么办好呢？”

✖ “真是乖孩子。以后也要像现在一样能忍啊。”

设想答案2

“跟妈妈说。”

这是一个非常好的方法。如果孩子给出这样的回答说明他和妈妈之间的依恋关系稳定并且积极。虽然也会有妈妈担心自己的孩子是否对自己过于依赖，但是希望小学低年级的孩子自己解决心里的痛苦本身就是强人所难。孩子通过向亲近的人诉说来化解心中的痛苦，能够领悟并使用这种方法的孩子往往能拥有更加快乐的生活。

应答诀窍

父母都无法想象孩子独自郁闷的场景。被大家集体孤立或者遭到校园暴力的孩子经常会很久之后才告诉父母自己的困难处境，因此事情会变得更加严重。如果妈妈在孩子向自己倾诉后，能够给孩子提供切实的帮助，这样是最好的。如果孩子跟妈妈说过之后没有任何作用，那么孩子就不会再向妈妈吐露心事了。最后妈妈还要告诉孩子，好朋友或者老师都可以在他感到痛苦的时候成为他的朋友。

“没错，宥敏有什么事情都能跟妈妈说吧？说了之后内心的苦闷也会化解的。”

✖ “即使你跟妈妈说妈妈也不能都给你解决啊。”

设想答案3

“扔东西。”

这种方法是父母不能容忍的。但是孩子一直以来就用这样的方法来缓解压力和发泄愤怒。也许孩子常常看到周围的大人使用扔东西或者辱骂等破坏性方法来发泄不良情绪。这一时期父母应该对孩子这样的做法进行纠正了。

应答诀窍

父母要告诉孩子，扔东西并不能解决心里的痛苦。同时提出解决方案。如果孩子问：“那生气的时候怎么办？”父母可以这样说：“那就用语言表达出来，你可以说：‘现在我很难过。’然后做一些自己喜欢的事情就可以了。”

✔ “你说‘我现在生气了’就可以了。扔东西的话，对方也会生气的。”

✖ “扔东西怎么行呢？打伤别人怎么办。”

设想答案4

“没有那样过。”

即使孩子再小，这个回答也很难让人相信。有很大的可能性孩子正在抑制自己的负面情绪。他正在自我控制，告诉自己心里痛苦是不可以的。如果孩子有“妈妈养大我不容易，我不能这样”的想法是不值得肯定的，这样非常不利于孩子的心理健康。

应答诀窍

认同孩子说法的同时再问问他有没有悲伤或者不安的时候。如果孩子问：“告诉妈妈也行吗？”那么妈妈一定要开心地回答说：“当然了，随时可以。”如果孩子回答：“真的没有过。”那就接受他的回答吧。孩子往往只会记住最近的情况。如果现在的生活让孩子感到开心和满意，那么就没有大问题。最后要用“当你感到心里痛苦的时候跟妈妈说吧”来结束对话。

✔ “虽然能够开心生活很好，但是诚实地说出心中的痛苦也是一种勇气。”

✖ “你说每天都幸福，妈妈也很幸福。以后也能一直这样就太好了。”

Q18

你最希望像谁一样?

这一时期孩子开始接触各种各样的大人。有现代人物，也有历史人物。最初的崇拜对象往往是大王、皇帝、将军等强有力的人物，渐渐地，人物范围扩大为为人类做出重大贡献的科学家、文学家、艺术家、政治家等。

设想答案1

“世宗大王。”

世宗大王是一个贤明的、爱戴百姓的国王，还发明了韩文字。他拥有强大的权力、优秀的人格以及创造性，受到孩子尊敬再正常不过。所以通过这个回答可以看出，这个孩子希望自己成为一个学习好并拥有优秀人格的人。

应答诀窍

先对世宗大王做一些正面的短评，然后再问问孩子尊敬世宗大王的理由，通过这个问题可以了解孩子特别看重的品德有哪些。如果孩子最先给出的理由是世宗大王发明了韩文字，那么可以知道他认为创造性是重要的。如果孩子给出的理由是对百姓的爱戴和仁政，那么可以知道他认为关怀和仁爱等是重要的。这之后家里人可以坐在一起，每个人都分享一下自己心中伟大人物的故事。这样可以深刻感受到更加融洽的家庭气氛。

✔

“世宗大王是一个伟大的人。妈妈也很尊敬世宗大王。”

“那你尊敬世宗大王的理由是什么？”

✖

“就你现在的学习状况还想成为世宗大王那样的人吗？”

设想答案2

“李舜臣将军。”

李舜臣将军和世宗大王一样，都是韩国历史上最受尊敬的人物。孩子大概是被李舜臣将军的爱国心和卓越的战斗能力所感动。作为一名军人舍命为国战斗，不是为了自己的飞黄腾达而是真心为国家献身，具备卓越的战斗能力，这些让李舜臣将军成为孩子心中最优秀的模范。

应答诀窍

如果孩子给出的答案都是李舜臣将军一样的军人，那往往表明孩子心中憧憬成为一名军人。这大概适用于很多男孩。父母要问问孩子喜欢李舜臣将军的理由以便了解孩子看重的品德有哪些。回答“用少量龟甲船打败大量日本军舰”的孩子认为卓越的能力是重要的，回答“腿受伤了也继续参加武举考试”的孩子认为不屈的挑战精神和坚韧的毅力是重要的。

✔

“妈妈和爸爸也尊敬李舜臣将军。只要是韩国人都是如此。”

“能告诉妈妈尊敬李舜臣将军的理由吗？”

✖

“伟人那么多为什么偏偏喜欢李舜臣将军？”

设想答案3

“恶魔。”

如果孩子给出了这样的答案，父母基本上都会感到惊慌。孩子这么回答也许是开玩笑，也许是耍小心眼儿。有的孩子还会说希望像希特勒等。这样的孩子让别人感到害怕，沉迷于让别人瑟瑟发抖的“强势”。反过来说的话，可能因为自己太过软弱，所以想成为一个任何人都惹不起的恶人。

应答诀窍

父母不要太惊讶。要提醒孩子他的这个想法是不正常的。接下来非常重要的一件事就是要问问孩子为什么尊敬恶魔，因为通过这个问题可以了解孩子现在的心理状况。如果孩子给出的理由是“恶魔不是力气很大嘛”，那就表明孩子希望自己变得强大起来。如果回答“因为别人都不喜欢恶魔”，那就表明孩子想追求与众不同，与周围存在差异。如果回答“恶魔？不是很可爱吗”，那往往表明这个孩子十分自恋，认为没有什么人值得尊敬，所以就随口说出一个答案。

✔
“恶魔不是一个值得尊敬的人啊？”
“能告诉我尊敬恶魔的理由吗？”

✘
“什么？希望像恶魔一样这像话吗？”

设想答案4

“没有谁。”

这可以说是一个喜欢冷嘲热讽的孩子。虽然年龄很小，但是可能对以大人为主的历史人物、伟人的面貌充满怀疑。要不就是觉得历史上的伟大人物或者现在的英雄都没什么了不起。这样的孩子对神话传说持否定态度。听了檀君神话（韩国神话，祖先檀君是由熊变成的人形——译者注）之后他会说：“熊怎么可能变成人呢？”

应答诀窍

先要对孩子的回答表示认可。但是，如果孩子心中有一个自己尊敬的人物会对他的人格发展有所帮助，因为只有希望自己像某个优秀的人一样，自我发展和自我控制的能力才能得到增强。妈妈可以用这句话来打通与孩子之间的那堵“墙”：“妈妈到现在都很尊敬海伦·凯勒，最近对史蒂芬·乔布斯也很尊敬……”然后给孩子提出建议：“有人令你尊敬是很重要的。这是好事情，所以你也再好好想想有没有值得你尊敬的人吧。”

✔
“是吗？看样子俊浩谁也不尊敬啊？”
“尊敬一个人是好事。”

✘
“你希望模仿的人一个也没有吗？那你读点儿伟人传记吧。”

Q19

你希望得到谁的帮助?

勇气范畴之中包含着一个品德——请求帮助的能力。为了维护自尊心就不懂装懂，不好意思向别人请教，不承认自己的局限和失误，这样的人实际上就是一个胆小鬼。孩子也应该具备在需要别人帮助时毫不犹豫地去请求帮助的勇气。不过，这样做得太过分就会变成依赖，这是不可以的。

设想答案1

“妈妈或者爸爸。”

这是一个普通的答案。对于这一时期的孩子来说，最结实的支柱就是他的妈妈和爸爸。其中，妈妈可以说是孩子最强的支柱。所以对于这个问题一般孩子都会回答“妈妈”，如果孩子回答“爸爸”，那表明爸爸是这个家庭里的人气王。

应答诀窍

听到回答之后，妈妈要给孩子一个肯定的反应，这很重要。不要借这个机会跟孩子说“可是你为什么不怎么听妈妈的话呢”。这样一来孩子就会觉得妈妈常常转移话题，只想说对她自己有利的话题。无论何时，只要孩子请求帮助一定要笑着答应。也可以直接问他：“你需要什么帮助呢？”对于妈妈这么直接的提问，孩子一定会高兴地做出回答。如果孩子暂时不需要帮助，也要跟孩子说有需要的时候一定要告诉妈妈。

✔ “遇到任何问题都可以找妈妈或者爸爸帮忙。我们一定会帮你的。”

✖ “既然这样为什么那么不听妈妈和爸爸的话呢？”

设想答案2

“老师。”

这样的回答也不错。这意味着老师在孩子心中的形象是一个“教我知识，引领正确路线，在我需要的时候可以帮助我”的人。虽然孩子的答案不是妈妈或者爸爸会有些遗憾，但这表明孩子正在走向更加宽广的世界。

应答诀窍

对于孩子的回答要给予肯定的反应。接下来要问问孩子希望从老师那里得到什么帮助。孩子大概会说出“想把数学学得更好”“想把演讲做好”等若干答案。想从某个人那里得到帮助绝不代表自己欠缺什么，通过接受别人的帮助让自己变得更加优秀是一件很正常的事情。

✔ “我们俊浩非常喜欢并尊敬自己的老师，所以想得到老师的帮助。”

✖ “是吗？那应该很听老师的话吧？”

设想答案3

"朋友们。"

事实上，这一时期的孩子给出这个回答让人相当意外。大部分孩子都是从青春期开始变得更愿意向朋友倾诉心事或者把朋友当作互相帮助的对象，而不是父母。小学低年级孩子的友情大部分都是一起分享欢乐，在互相帮助和互相提出建议方面还不成熟。

应答诀窍

妈妈可以对孩子的回答表示认同。朋友在孩子心中已经形成了一个正面形象。告诉孩子"妈妈或者爸爸也是可以帮助你的人呀"。孩子可能会给出相当大的反应："啊，对呀，还有妈妈和爸爸呢。"妈妈还要提醒孩子他的周围有很多可以给他提供帮助的人，比如老师等。

✔
"我们俊浩和朋友相处得真是不错啊。"
"对了！你和朋友互相帮助，这非常好，这就是友情。"

✖
"与爸爸妈妈相比，更希望是朋友们吗？"
"即使这样，当你感到辛苦的时候也要先找妈妈或者爸爸。"

设想答案4

"没有。"

孩子觉得现在没有一个人能够帮助他。如果孩子真的这样想，那么他该有多孤独呢？造成这种情况，父母有很大的责任。另外，认为自己过得很好不需要别人帮助的孩子也会给出这样的回答。这种情况父母在感到庆幸的同时似乎也留下了一些遗憾。

应答诀窍

要让孩子明白他不是一个人在战斗。认为没有任何人能帮助自己的孩子往往觉得没有人疼爱自己。能够扭转他这种想法的只有温暖的爱和关心。对那些认为自己很好不需要别人帮助的孩子，妈妈要这样对他说："虽然你现在过得开心满足，但是如果有一天你感到难过、孤独的时候要向妈妈或者爸爸寻求帮助，知道了吧？"

"原来我们俊浩很孤独啊。"
"能够帮助俊浩的人真的很多呢。"

✖
"你没有一个好朋友吗？"

你觉得未来会怎么样?

这个问题是看孩子对未来的预测是积极的还是消极的。这一时期的孩子大部分都带有毫无理由的乐观主义倾向。所有事情都会变好，所有问题都会得到解决，这样坚定的信念难道不是他们开心的原动力吗？但是有一部分孩子也会认为自己的未来很灰暗，这是一些不像孩子的悲观论者。

设想答案1

“以后会很好的。”

很明显，拥有一个积极的心态对孩子的精神健康是有益的。我想起了在咨询时遇到的一个小学一年级的孩子，他自信满满地对我说：“我以后真的会成为一个优秀的人。我会成为科学家，会成为厨师，还会成为老师和足球运动员。”听了这话，父母也会不由得认为如果真能像孩子期望的那样就好了。

应答诀窍

要认可孩子的乐观主义。孩子满心期望一切都会变好，此外，当你设想事情会那样发展的时候，那么实现的可能性就会提高。这就是自我暗示效果，也叫皮格马利翁效应。不过，如果妈妈说了“什么会好的。每天就是玩游戏，不可能会好”这句话，孩子根本不可能因此而发愤图强变成一个优秀的学生，所以不要说出这样的话。

✔ “当然了。我们俊浩未来干什么都会很好的。”

✖ “每天就知道玩儿，真的能好吗？”

设想答案2

“我们全家会幸福地生活下去。”

不仅仅是自己，而是包括父母在内的整个家庭的未来都是幸福的。很明显，做出这样预测的孩子心态是积极的，对于家庭的爱也是很深的。看似以自我为中心的孩子却说他一直是想着家人的，这样的孩子其内心往往是感到十分满足的。

应答诀窍

对孩子做出的积极预测给予表扬吧。同时再问问孩子家庭幸福应该具备什么条件。假如妈妈提出的问题是“爸爸以后怎么做就是幸福？妈妈以后怎么做就是幸福”，孩子可能会给出以下回答：“爸爸不要再喝酒了，要长命百岁；妈妈不要再做家务了，舒舒服服地去旅行。”“我们全家一起生活，吃好吃的，玩好玩儿的”……这个时候妈妈会感到恍惚，就好像这些事情就发生在眼前一样。

✔ “我们全家的幸福生活是什么样子呢？”

✖ “好吧，看你怎么让我们全家都变得幸福吧。”

设想答案3

"未来好像不会很好。"

对于未来有着消极看法的孩子有忧郁的倾向或者平时很爱担心。忧郁的孩子不仅对未来，对过去和现在的认识也很消极。相反，不安的孩子会担心那些消极的结论是否会真的变成现实。

应答诀窍

首先要让孩子明白他的回答是消极的，也就是说要告诉孩子他正在进行的思考很消极。父母要先把孩子消极的话换成积极的，给他做出榜样或者让他安心。之后跟孩子了解一下他这样想的理由。如果孩子回答"就是那么想了，不知道为什么"，那么父母就要改变他的思考方式，跟他说："与其很消极地去想每一件事，我们不如努力去把它想得积极。"

✔
"我们俊浩觉得未来不好啊。"
"相信未来会好的。不过你为什么会觉得不会很好呢？"

✖
"如果你认为不好，那么结果就不会好。"

设想答案4

"不清楚。"

这是一个不愿意对未来进行想象或者不敢把真实想法说出来的孩子。对未来感到恐惧，或者由于没有自信而没有勇气说出未来会做得很好。对父母的反应存在心理负担而无法实话实说的孩子，父母要帮他鼓起勇气，振作起来。

应答诀窍

劝导孩子再好好想一想。如果孩子回答"好像不会太好，不愿意再想了"怎么办呢？如果妈妈判断孩子是茫然地担心消极的结果，那么就用"我们一起想象一下好结果吧"这句话来改变孩子的想法。对于没有勇气说出实话的孩子，告诉他"你能说出真实想法是最重要的，妈妈不会责备你的"。

✔
"想一下未来会如何也是有必要的。"
"不要只是说'不知道'，再想想吧。"

✖
"如果你也不知道，那么你的未来谁还知道呢？"

PART 4

10～12岁

这一时期，孩子的心理和身体都经历了巨大的变化。随着孩子从童年后期过渡到青春期，他们的思考范围也在逐渐扩大。如果没有信任和依恋作为基础，稍有不慎孩子在青春期就容易出现各种问题，所以这一时期需要父母更加讲究与孩子沟通、交流的方法和技巧。

10～12岁孩子的心理关键词

从童年后期进入青春期初期

10～12岁是童年后期向青春期初期过渡的时期，可以说是进入青春期的阶段。这一时期的孩子到底会展现出什么样的面貌呢？身体上的变化最先开始。男孩开始长高，以前稚嫩的面貌也渐渐发生变化。女孩的胸部隆起，臀部变丰满，开始变成少女的模样。

身体的变化虽然显著，但是心理的变化一样强烈。随着青春期的到来，孩子开始对自我认同产生混乱，对自身能力和地位产生怀疑，原有价值观和新价值观发生冲突等。正因为如此，家有青春期孩子的父母对于如何根据性别的不同来养育孩子而苦恼。

青春期少男和少女具有显著不同的特征

先来看看男孩的模样吧。男孩重新订立了自己与他人的关系。一般来说，倾向、兴趣、思考方式类似的孩子容易形成一个同龄人的团体，这个团体里论资排辈的情况很多，倾向于无条件相信朋友。有的男孩有时会控制不住情绪做出一些过分或者过激的行为。部分原因是雄性激素的分泌。男孩和他人竞争的欲望也很强。追求同龄人认为重要的事情和价值，如学习、游戏、运动等。

而女孩对朋友关系非常敏感。女孩的朋友关系由亲密感、关怀、嫉妒等多种多样的感情混合形成，所以遇到矛盾和问题时也会翻脸。由于希望自己的主体地位被大家承认，所以当她在家里或者学校感到自己的想法被无视的时候，往往会表现出冷漠的态度或者说出神经质的话。女孩更加希望得到爱和尊重。女孩的秘密也逐渐增多，比如希望隐藏突然发生的身体变化等。女孩也会变得敏感、脆弱，容易被人际关系所困扰。另外，这一时期的女孩还容易产生追星倾向，对自己崇拜的明星十分狂热。

因此，对待10～12岁的孩子，一定要考虑他们的性别差异。而且，如果父母了解孩子的性格，及时帮助他们解答青春期的困惑，那么就可以成为青春期孩子的强有力的支持者。

童年后期的发展课题

未来：梦想是战胜现实的力量，也是让生活变得丰饶的润滑剂。

学习：对学习产生兴趣是核心。

身体：对于这一时期的孩子来说，身体是他们自我的象征。

异性朋友：随着第二性征的出现，孩子出现与异性朋友交往的需求。

困难：随着各种压力的增加，不良情绪也越来越多，处理起来更加困难。

关键词 01

未来

你的孩子梦想着什么样的未来?

梦想就好像是润滑剂，是能够让孩子的人生变得丰富的要素。当孩子感到疲惫痛苦的时候，可以用梦想激励自己。不仅如此，为了实现梦想，他们还会付出努力和热忱。放眼全世界的成功人士，无一不是在自己梦想的激励下不懈努力，最终取得了伟大的成就。大部分的孩子都是在梦想中成长的。“我应该做什么？”“我要过怎样的人生？”……每个人都按照自己的方式做着有意义的梦。可有些孩子对自己的未来却持消极的态度。

如果孩子对于未来抱有乐观主义的态度就太好了。具有乐观主义态度的孩子在实际生活中的成功率较高，能够维持一个快乐的情绪状态。因为乐观主义本身就意味着具有正面的想法、态度以及情绪。哪怕现在面对困难，只要相信未来都会变好，就不会气馁，而是会坚持下去。在这种态度的引领下，通过努力最终获得成功和幸福。哈佛大学的一位经济史教授这样说过：“在这个世界上，主要是乐观主义者们获得胜利。这不是因为他们总是对的，而是因为他们是积极的。就连遭遇不幸的时候他们都是积极向上的。这样的态度连接着通往成功的大路。让人受到教育，视野大开的乐观主义取得了这样的价值。”父母需要通过细心的努力和尝试让孩子接受乐观主义。

如果你的孩子对未来没有梦想，那么一定要弄清楚他最想做的是什么。

因为对于梦想，最重要的是要有一颗想去做什么的心。梦想的基础与一个人的兴趣有关。喜欢唱歌弹吉他的孩子自然就会对音乐产生梦想，喜欢操作电脑的孩子其梦想多与电脑有关。

假如有的孩子回答他的梦想是“拥有平凡的生活”，那么父母要这样对他说：“那也是好的梦想。平凡就是好和安逸。”梦想不一定是伟大的、被歌颂的东西，而是为了能够变得幸福而想去做的事情。梦想不是为了满足父母，而是为了让自己能够幸福。

你未来梦想的职业是什么？

这一时期的孩子开始关注职业的存在和意义。这是父母的功劳。父母开始对孩子说一些他们期待的职业，学校也会留一些作业让孩子描述一下自己希望做的职业。从精神发育层面来说，对于职业的期望和选择即使在青少年后期来做也来得及。

设想答案1

"医生（法官、检察官等）。"

这可能是很多父母所期望的。可问题是这真的是孩子自己的真实想法吗？回想一下父母是不是从孩子小时候起就一直强调那些所谓"出路好"的职业呢？现在孩子选择梦想的理由应该是单纯的。只有这样，在梦想实现的时候才能有单纯的动机和明确的职业意识。

应答诀窍

在给孩子的回答加油的同时，希望能够听取孩子自己的想法。要问问孩子为什么希望成为医生、法官等。合格的回答是"能够为别人减少病痛，看上去很好""因为帮助受委屈的人和用法律惩罚罪犯很重要"等。如果孩子回答"因为能挣很多钱，别人会羡慕我"，那么父母就要为他指引正确的方向，跟他这样说："这不是最重要的理由，再好好想想吧。想挣钱的话还有很多路可以走。"

✔ "原来我们艺璨想成为一个医生啊。不过你为什么想成为医生呢？"

✖ "果然我们儿子不一样！帮妈妈实现夙愿了。"

设想答案2

"帮助别人的人。"

孩子的这个回答说的不是某个具体的职业而是一种职业特征。给出这个答案的孩子真的是个优秀的孩子，成熟、善良、聪明。将来能够在现实中帮到别人的职业会得到别人的瞩目。只会追求个人利益的人很难成功。

应答诀窍

先表扬孩子吧，然后再进行更具体的提问。和孩子一起分享以下职业：社会工作者、消防员、警察、军人、公务员、医生、律师……再问问孩子这些职业之中想做哪一个。如果孩子回答得很具体，妈妈可以再插上一句："是啊，实际上能够帮助别人的职业比想象的还多，不要忘了你现在的想法，努力去实现梦想吧。"

✔ "我们艺璨的想法真的很优秀啊。这样的职业都有什么？"

✖ "那不叫梦想。你想做什么样的职业？"

设想答案3

“现在还没想好。”

孩子的梦想改变无数次。不久之前还想成为足球选手，一转眼又想成为一个专业游戏玩家了。所以孩子会说现在还没想好将来做什么职业。实际上，很多孩子都会经历这一过程。总之，这意味着孩子已经开始领会现实。

应答诀窍

孩子只不过还没想好，心里还在想东想西。这种时候父母可以说出孩子以前的梦想，比如科学家、老师等，来唤醒孩子的记忆。如果孩子的反应是“那都是以前的事了，现在没用”，那么就表明孩子已经抛弃了过去的梦想或者感到那些梦想太难实现了。不过如果孩子回答说“那个也在想，还在想其他的怎么样”，那么妈妈就可以放心了。

✓

“前几天不是还说想当老师吗。还有你很小的时候也说过想当科学家，记得吗？”

✗

“你小时候说要当老师和科学家，那个时候的梦想都消失了吗？”

设想答案4

“不知道。”或者“没有。”

这样的回答表明孩子有可能是感觉自己的梦想很难实现，也有可能是现在忙着玩儿和学习，不愿去花心思考虑未来的职业。不管怎样，如果孩子对妈妈的问题感到反感，还是应该引起妈妈的关注。

应答诀窍

不要刺激或者批评孩子。反而要劝孩子再多想一想。“在妈妈看来，将来当个公司职员不错……”“以前你说要当老师，现在变了吗”这样的话对孩子没有帮助。这些话会让孩子感觉妈妈不问他的意见就已经替他做了决定。所以重要的是要让孩子自己想。

✓

“不知道？慢慢想一想。因为梦想会变的。”

✗

“是吗？妈妈觉得如果你将来能当医生就好了。”

你想成为什么样的人?

这是一个比职业梦想更广泛的提问。以父母为主的大人经常会问孩子“你长大之后想做什么”。不过从现在开始希望父母一定要问问孩子想成为什么样的人。职业仅仅是描述一个人的一部分，性格、价值观、兴趣、品质等，描述一个人的关键词还有很多。

设想答案1

“会挣钱的人。”

这个回答让人有些吃惊，孩子现在竟然就已经有了这么现实的想法。妈妈不要批评孩子庸俗。他这样回答可以用父母甚至社会的影响来解释。“一切向钱看”的价值观对孩子的成长不利。

应答诀窍

与其马上对孩子的回答进行对错的判断，不如听听他这么想的理由和目的更为妥当。还要问问他挣钱之后想干什么。如果孩子回答说“做所有想做的事情，买所有想买的东西”，那么可以看出孩子认为满足欲望是最重要的；如果孩子回答说“其他人不是都会很羡慕我吗”，那么可以看出孩子对别人对自己的评价和肯定很敏感。对于孩子的这种心态不要责备。希望父母能够用类似下面的提问来继续与孩子对话：“除了会挣钱之外，就没有别的方法能做到你上面说的那些吗？”

✔
“原来我们廷书想要挣钱啊。”
“那你挣了钱想干什么呢？”

✖
“钱不是全部，再想想看吧。”

设想答案2

“有名的人。”

这样回答的孩子想从别人那里获得好的评价。孩子这样想的原因有两个。一是孩子喜欢竞争，二是孩子现在渴望从周围的人那里得到肯定的评价。孩子在这样的心态下，希望父母也能够好好了解并肯定自己。

应答诀窍

任何人都有从别人那里获得肯定的需求，孩子也一样，所以父母就要好好摸索孩子的心理，满足他们的心理需求。告诉孩子，仅仅获得物质上的优越感不是重要的本领，能够得到别人的信任才重要。为此，要先做到体谅别人。

✔
“我们廷书想成为名人是想受到别人尊敬吗？”

✖
“最重要的不是有名，你能获得满足感才是最重要的。”

设想答案3

“幸福的人。”

这是一个善于表达自己感情、很重视感情的孩子。这个孩子与那些回答希望从事什么职业或者希望得到什么的孩子刚好形成一个对照。实际上，父母对孩子的期望不就是有个幸福的人生吗？有很多父母和孩子认为事业的成功是拥有幸福生活的保证，可真的是这样吗？感到幸福的人生本身不就是幸福的同义词吗？

应答诀窍

成为一个幸福的人可以说是孩子和妈妈共同的愿望。在孩子眼里，幸福到底是什么样的呢？可能是想做什么就做什么，也可能是在喜欢的领域获得成功，还可能是为大众服务，也许还会强调家庭的和睦或者朋友间的友爱。无论是什么都很好。了解清楚孩子如何才能感到幸福之后，父母可以在孩子需要时提供帮助。

✔ “好，妈妈也是这样希望的。不过如果你想变幸福，需要做些什么呢？”

✖ “如果你想幸福，要特别努力。”

设想答案4

“不太清楚。”

这个孩子没有自己的梦想。也可能是因为还不清楚对他重要的东西是什么和希望过什么样的人生。不愿意认真思考，或者真的不知道自己想成为什么样的人，或者没有找到自己的参照目标，又或者是在心理上感到软弱无力。

应答诀窍

父母要让孩子理解什么是价值。因为在孩子的梦想和未来之中，最需要考虑的一个重要方面就是价值。爱情、友情、幸福、健康、成功、奉献等，对于孩子来说这些里面最重要的价值到底是哪一个呢？虽然孩子与父母的价值观很可能一致，但也有可能完全超出父母的想象。这是妈妈能够了解孩子最看重什么的一个好机会。

✔ “廷书好好想想，你认为最重要的是什么吧。”

✖ “你现在都几岁了，连这个都不知道？”

成为大人之后你想做什么？

这一年龄段的孩子常常会想象自己成为大人之后会做什么。也有的孩子完全不会对未来进行想象，他们只是茫然地觉得未来就会变成大人。所以通过这个提问来了解一下孩子如何设想自己的未来，这很重要。因为通过孩子的回答可以了解孩子内心的想法。

设想答案1

“我想生活得幸福并且有趣。”

如果是个普通的孩子，那么可以期待他给出这样的回答，表明他精神是健康的。对未来的积极预测和乐观的心态是这一时期孩子的特权。他们不知道大人为了维持好的家庭生活挣钱的艰辛。父母不用特别让孩子知道，随着时间一天天过去，他们自己会逐渐明白的。

应答诀窍

不要借机向孩子说出这样的话：“那么为了能实现你的愿望，现在就不要总想着玩儿了，努力学习吧。”这是老师和家长常挂在嘴边的话。但是现在应该换一种方式强调学习的重要性，以便让孩子接受。不然一段时间之后，孩子会觉得这是假装胁迫或者在心理上对学习产生抵触情绪，甚至说出这样的话：“即使以后不幸福也好，我就想现在生活得幸福。”

✔ “长大之后也是那样，现在也能生活得幸福而有趣就好了。”

✖ “要想那样从现在开始就要努力学习。”

设想答案2

“要挣钱养孩子，好像很辛苦啊。”

听到小小年纪的孩子这样回答，父母做何感想？是不是孩子看着父母现在的样子做出的判断？总之，父母百感交集。有很大的可能性是孩子看到现在的生活，特别是大人的面貌而产生了恐惧，也可能是因为没有自信像父母那样生活。

应答诀窍

首先要问问孩子自己看上去是不是也是那样。如果孩子回答“是的”，那么就要清楚地告诉孩子“不是那样的”。如果孩子还是不放心，父母可以这样向他解释：“人长大之后都会做这些事的，只是你年龄太小才会这样想。”父母再想一想有没有跟孩子说过下面这样的话：“你知道养育你有多辛苦吗？挣钱多不容易啊。”这样的话只会让孩子感觉自己就好像是父母的累赘，在这种认识的影响下，孩子说不定已经决定今后要单身或者当丁克一族了。

✔ “大人看上去很辛苦，但你知道爸爸妈妈其实也有很多快乐哦。”

✖ “是啊，成为大人之后活得很累。”

设想答案3

“尽情地玩儿。”

很明显孩子在现在的生活中感到压力很大，他是一个没有足够玩耍时间或者讨厌学习的孩子。一般的孩子都认为长大成人之后的生活与现在不同，不会再有学习、作业、考试之类的东西。只不过区别在于他们是否知道大人就要像个大人，孩子就要像个孩子，大人和孩子需要做的事和需要承担的责任是不同的。

应答诀窍

现在重要的就是了解孩子的学习压力大到了什么程度。通过各种提问提出对策。用“课外班少上一点儿怎么样”“周末一起出去玩儿怎么样”这样的话来让孩子的心情放松。“长大之后不学习但是要工作呀，妈妈小时候也像你那么想。每个人都要做事，学生要做的事就是学习。”如果妈妈这样跟孩子说，他会比较容易接受。

“我们廷书想快快长大呀？”
“学习既没意思又累吗？”

“一学习就说做了许多功课，每天就知道玩儿。”

设想答案4

“不想成为大人。”

这个回答可能意味着孩子感觉现在这样就挺好，也可能表示大人在孩子眼中的形象是负面的。对现在的生活感到满足的孩子一般对未来的看法都是积极向上的，但是偶尔也会有一些孩子担心长大之后幸福生活可能就要结束。现在就有征兆未来成为一个患有“彼得·潘综合征（心理学名词，用来描述一个在社会中未成熟的成人）”的人。

应答诀窍

不要从一开始就马上用一些话来逼孩子，比如“为什么不想成为大人呢”“不管怎样最后都是要变成大人的呀”等。应该问问孩子他现在对什么感兴趣。通过提问了解一下孩子的真实想法。

“现在过得很有意思、很幸福。做小孩做大人都有各自的快乐。”

“不论是谁，到了岁数都会变成大人。”

成为大人之后你想怎么教育你的孩子？

这可能是个有些超前的问题。孩子将来成为父母之后到底会如何说如何做最后都能从他现在的观点之中反映出来。通过这个提问还可以知道孩子对父母有什么期望。因为这是一个假设：“如果我是父母……”

设想答案1

“不责备他，会好好对他。”

请注意一下“不责备他”这句话吧。不论事实怎样，这句话显示出孩子正从责备自己的父母那里受到很大的影响。即使父母抗议说“没怎么责备他”也好，我们都不能无视孩子的主观感受。

应答诀窍

首先要对孩子的希望给予理解。应该向孩子传递一种“从现在开始我会少责备你”的信息。这样孩子会确认自己的希望已经自然地传递出去，跟父母的对话也会让他感到满足。不过如果父母反问孩子“我什么时候那样责备过你呀”，孩子就会很后悔吐露心声，同时也会慢慢回避与父母进行对话。如果孩子对妈妈的反问点头同意，那么很可能是害怕自己的妈妈。

“我们廷书觉得自己受到很多责备不痛快，是不是？”

✗

“妈妈什么时候总责备你了，你竟然这样说？”

设想答案2

“又打又骂。”

这个回答表明这个孩子带有相当大的敌对和愤怒情绪。这类孩子的父母在家一般很有权威，让孩子感到一定的压迫感，有时还会对孩子进行打骂。从孩子的立场来看，这样回答带有一定的报复意味。他们不是直接报复自己的父母，而是对自己的孩子间接发泄愤怒情绪。

应答诀窍

父母是孩子的榜样，只有父母做好了，孩子才能做好。父母要做的就是深深地自省并下决心改变。如果父母并没有过分地责骂过孩子，他还是这样回答，那么表明孩子可能是因为一些别的事心里充满了怒气。这个时候父母就需要仔细地观察孩子与朋友之间的关系和孩子在学校里的生活。

“从现在开始妈妈和爸爸不会再打骂廷书了。廷书当了爸爸之后也不要打你的孩子哦。”

✗

“为什么打孩子？我打你不是因为你不听话吗？”

设想答案3

“我不生孩子。”

父母想一想有没有在孩子面前说过“没孩子倒是省心”或者“有了孩子就开始受苦了”这样的话？孩子这样回答很有可能是把自己当成了父母的累赘或者认为自己给父母带来了困扰。也有可能是孩子知道自己不省心，有些害怕将来自己的孩子也和自己一样。无论是出自哪种可能，这都不是一个好答案。因为子女、孩子等词语在孩子心里已经被深深地赋予了负面的意义。

应答诀窍

听到回答之后，父母继续要做的是让孩子知道父母有多爱他。即使父母偶尔也会讨厌孩子甚至打骂孩子，但这些都不能否定父母对孩子的爱。应向孩子传递这样的信息：“无论你今后是否有出息，对于我们来说都是珍贵、可爱的孩子。”然后还要加上一句：“如果你结婚生了孩子，那么妈妈就有孙子或者孙女了呀。他一定很可爱。”

“对爸爸妈妈来说，廷书多珍贵啊。”

✕

“你的行动总是被大人说的话所影响。”

设想答案4

“我会答应孩子的所有要求。”

天哪！孩子这是在说自己一直以来都处于要求没有得到满足的状态中吗？虽然父母不愿意承认，可事实恐怕就是如此。这个回答隐藏的含义是：“一直以来爸爸妈妈基本都不答应我的要求或者主张。当孩子太累了！”再进一步说还传达了这样一个意思：“即使是现在也求你们听听我的话，对我更好一些吧。”由于孩子的主观感受要比客观事实重要得多，所以父母一定要清楚地记住这一点。

应答诀窍

首先要认同孩子的说法，然后妈妈再说自己想说的话：“一直以来妈妈没有好好答应你的要求吗？从现在开始妈妈会更多地听取你的要求。”听到妈妈这么说，如果孩子露出安心高兴的表情就太好了；如果孩子露出一副无法相信的表情，那么妈妈就要首先做出改变了。

“没错。好好答应孩子的要求就行。但是不会答应那些不合理的要求吧？”

✕

“没有父母能答应孩子的所有要求。”

关键词 02

学习

你的孩子喜欢学习吗？

“学习”这个关键词终于登场。现在这一时期，学习正式变得重要起来。大部分学习好的成功人士往往都是从这一时期开始崭露头角的。当然，也有少数人在15岁之后甚至更大一些才觉醒，并且通过努力一下子提高了学习成绩。因为要想学习好，重要的是要对学习充满热情，养成良好的学习习惯，而这一时期是学习热情和学习习惯养成的基础时期。

不过与父母的期待不同，有的孩子并不喜欢学习。这一时期的孩子常常会对学习感到厌烦或者觉得学习很难。所以那些讲道理的话完全无法发挥作用，比如：“对学习感到厌烦可怎么办？不能有那样的心思哦。”父母应该与孩子这样沟通：“谁都会有对学习感到厌烦的时候，爸爸妈妈小时候也一样。学习好的孩子也是这样。”孩子现在的心情和想法不是很大的错误，重要的是父母要让孩子知道你们接受他的想法。这之后再和孩子一起寻找能够激发学习兴趣的方法。短期方法就是让孩子放下学习先休息，以便缓解对学习的厌烦情绪。中长期方法就是在学习时间内合理安排各科目的学习，或者减轻孩子对于考试成绩的心理负担。

万一孩子的学习成绩下降呢？孩子成绩下降的时候先要观察一下他的心情如何。问问他“你的心情怎么样啊”。此时绝不能营造出一种要对孩子进行批评的气氛。否则这种情况经历多了之后，孩子就会骗父母说“什么事都没有”，漠视考试成绩对自己的影响；又或者夸张地说“我很难过”，以此来逃避妈妈的批评；也有孩子会用挑衅的语气说“心情不错，反而很好啊”。所以妈妈要向孩子好好转达自己的心意“我理解你，我会帮助你来解决问题”。这样孩子往往就会承认自己心情不好。这个时候妈妈要与孩子共情，再一起找找提升成绩的方法。实际上，如果先让孩子想方法，然后妈妈再说出自己的意见。用这样的方式来交流，不知不觉中那些由于成绩不好而带来的恐怖气氛就会被带有充满希望和期待的欢快气氛所代替。

如果孩子讨厌学习，就会用这样那样的借口来表达对学习的不满，或者向父母提出过多的问题或要求。举例来说，孩子总是问“上哪一所大学好呢”“数学更重要还是英语更重要”等，或者提出要求“妈妈，一会儿我要吃面包”“太热了，我没法学习”等。当妈妈正在最大限度地满足他的要求时，他又突然生气地大叫“别再弄啦”。在孩子做出这样的行为之前妈妈需要及时制止。在开始学习之前就要定好规矩，学习结束之后再尽量听取孩子的要求。但是，如果孩子提出的是无理要求，那么妈妈一定要拒绝并说明理由。

Q5

学习辛苦吗?

“学习”将会是这一时期孩子听到最多的一个词。父母说学习，老师说学习，朋友也总是说学习。如果孩子对这样的学习感到辛苦或者厌恶，那么他的生活将伴随着痛苦和失望。

设想答案1

“不辛苦。”

这是真的吗？可能是真的，也可能是假的。如果是真的，那么表明孩子觉得学习有意思，或者好胜心比较强，又或者对学习有很高的热情。如果孩子心里不喜欢学习，可为了讨妈妈欢心而说假话就有问题了。如果是出于自尊这么回答还可以理解，如果是因为害怕妈妈才这么回答就令人担心了。

应答诀窍

很多父母都希望孩子能这样回答。可是如果感觉孩子的内心并不是这样想的，那就要告诉孩子：“如果你感到辛苦最好能说出来，妈妈不会说你什么的。如果学习太辛苦，休息一下再学也行。”如果妈妈完全猜不透孩子的心理只是说：“对，学习是不能怕辛苦的。”那就会让孩子的情绪再一次受到压迫。

✔ “太好了。如果你感到辛苦就告诉妈妈。”

✖ “没错，学习不能怕辛苦。”

设想答案2

“嗯，很难、很辛苦。”

事实上，这样的回答反而更让人安心。因为孩子至少没有抑制、歪曲或者否认自己的感受。只要能够诚实地说出很辛苦、很难这样的话，才不会让孩子因压抑情绪而影响身心健康。随时确认孩子对学习的态度和感受非常重要。因为学习不是一两年的事情而是至少十几年。

应答诀窍

首先对孩子的感受表示同情。虽然一直在说，重复孩子所说的内容并表示“原来如此啊”是与孩子共情的基本方法。这之后才能提出探索性的问题。“最近哪个科目感到特别辛苦、特别难呢？”“作业太多所以感到辛苦吗？”“学习内容变难了，不太容易理解吗？”……通过上面这些问题能够具体了解孩子为什么感到学习很辛苦。只有这样妈妈才能帮到孩子。

✔ “如果你觉得学习不太难或者不太辛苦就好了。只有这样，学习才能更有意思。”

✖ “不只你一个人辛苦。学习本来就是一件又难又辛苦的事情。”

设想答案3

"辛苦也没办法呀！"

这样的孩子认为理性判断比自己的感受更重要。真的从一开始就是这样吗？大概还是受到了父母的影响。很可能就在几天之前孩子还从妈妈那里听到了这样的话："学习是不论多辛苦多难都要做的事情，学生在学习上不能偷懒。"即使孩子在听这话的时候内心有些抗拒，但最终还是接受了这个观点。

应答诀窍

无论如何，既然孩子提到了辛苦，妈妈就需要了解孩子的辛苦到了什么程度。如果孩子说特别辛苦，那么妈妈就要告诉他："那就不要盲目地忍，休息一下再继续。以后感到辛苦的时候要告诉妈妈。"如果孩子说不怎么辛苦，那么妈妈就对他说："如果那样就太好了。以后感到辛苦的时候要告诉妈妈。"最终的反应核心要领是妈妈要向孩子传达自己的心意："妈妈能够理解你因学习而付出的辛苦。"

✔ "原来我们艺璨学习很辛苦啊。即使这样仍然说要努力学习，真是了不起。"

✖ "对，即使学习辛苦也要学，否则你将来一事无成。"

设想答案4

"特别没意思。"或者"讨厌学习。"

孩子令人忧虑的反应这一瞬间变成了现实。这个回答像个孩子应该给出的回答。但是这样回答也有问题。这样回答的孩子感性层面得到了发展，但缺乏自控力或理性判断。他们有可能只埋头于自己感兴趣的课题。这种情况下，如果孩子沉迷于网络游戏或者智能手机，往往容易上瘾无法自拔。

应答诀窍

虽然承认孩子的这种辛苦感受很重要，但很难说出"就学到这里吧"这样的话。特别是给出这样回答的孩子实际上根本就不想学习。注意力不够集中的孩子也常常会给出这样的回答。感觉学习特别没意思、不想学习就是很明显的问题了，父母需要让孩子明白他现在的这种状态是需要改变的。

✔ "毫无理由地讨厌学习没有问题吗？我们想想办法让学习变得有趣吧。"

✖ "因为你平时不怎么学习，所以学习才变得无聊，而让你不喜欢了吧？"

哪个科目比较难?

在引导或者指示孩子要努力学习之前，父母需要了解孩子现在的学习水平。需要知道孩子喜欢哪个科目，感到困难的是哪个科目等。为此要随时问问孩子正在学习什么内容。只不过重要的一点是父母要表现出想帮助孩子的态度，而不是责备的态度。

设想答案1

“××（数学、语文等）。”

很多孩子都会说数学很难。也有的说英语或者语文难。因为数学难所以不喜欢，因为不喜欢所以就更不爱学习，然后就变得更难。所以妈妈应该已经知道孩子觉得哪个科目难或者不喜欢哪个科目。父母的任务就是要对孩子的学习进行具体的帮助，或者至少让孩子不再对学习感到厌烦。因为孩子的回答中包含两个含义，一是“数学太难了，就别再让我学数学了”，另一个是“帮帮我，让我的数学能学好一点儿吧”。

应答诀窍

不要马上就想当然地下结论：“我们研究一下能学好的方法吧。”中间要有一个过渡。重要的是妈妈要让孩子减少对于这一科目的恐惧心理。有两种方法可以尝试。一个是让孩子明白很多人都觉得这个科目很难，并不只有他自己。另一个是可以用语言暗示孩子这是暂时的现象，同时还要鼓励他一定能再学好的。

“××是比较难的科目。××学得好的人有时也会感觉到难。”

✖
“是吗？那去上个辅导班吗？”

设想答案2

“都很简单。”

这是个相当有自信的回答，也可能是说大话。妈妈应该能判断出到底是哪一种。这个孩子认为只要自己下定决心就可以学习好。有时，没怎么付出努力就取得好成绩的孩子大致也会给出这样的回答。

应答诀窍

希望妈妈能好好呵护孩子的自信。在妈妈面前说点儿大话又如何呢？没必要一定要说出“不要骄傲，要谦虚”这样的话来让气氛变得沉重。父母也有可能给出这样的反应：“你觉得都很简单太好了。不知道是不是因为这样，所以你好像学习不太努力。”这个反应需要让那些不好好学习还说大话，盲目展现自信的孩子看到。还要再加上一句：“如果你觉得简单就犯懒，以后内容变难学习会更费劲的。”

“所有科目都简单？真是太厉害了。不过即使这样也不能犯懒，不然以后学习起来会更费劲的。”

✖
“别太骄傲了，学习上要懂得谦虚。”

设想答案3

“都很难。”

这真是个让人担心的回答。很有可能学习很难的这个想法已经深深地刻在了孩子的脑海里。偶尔有些学习相当好的孩子也会这样回答，这表明他们把学习看作人生中最重要的事情，在学习上心理压力很大。现在的局面是学习是很努力，却是在强迫自己做不喜欢的事情。

应答诀窍

“学习怎么会那么费劲呢？”如果妈妈这样反应是在否认孩子的感受，所以要慎重。在对孩子的感受表示认同之后再去具体地了解情况。其中通过什么科目最辛苦，是否能够理解课堂内容等问题来准确了解孩子的情况，然后再找出对策。最后用“从没有那么难的科目来慢慢学习吧，妈妈帮你”这句鼓励的话来结束对话。

✔ “都难？我们廷书这段时间一定很辛苦。”

✖ “怎么搞的吗？真是所有的都那么难吗？”

设想答案4

“不知道。”

偶尔也有孩子对学习有关的提问一贯假装不知道。与其说他们真的不知道，不如说他们是不喜欢说。他们的心里可能在想：“妈妈，不要再说跟学习有关的东西了。我讨厌跟学习有关的话题。”还有一些孩子不怎么关心学习，没有特别喜欢和特别不喜欢的科目，他们也会给出这样的答案。

应答诀窍

对于这样回答的孩子，妈妈需要让他明白哪些科目难、哪些科目简单，自己擅长哪一科目、不擅长哪一科目，这点非常重要。妈妈要告诉孩子：“我绝不希望你没有自己的想法，只知道按照妈妈的指示学习。”还要告诉孩子：“谁都有觉得难的科目，重要的是通过努力让它变得没有那么难。”如果孩子不喜欢讨论学习，那就用这句“以后再聊聊学习怎么样”来结束对话。

✔ “那也好好想想吧，因为谁都会有感到困难的科目。”

✖ “因为你对学习一点儿都不上心，所以才连这个也不知道。”

Q7

什么时候会觉得学习有趣？

为了能努力学习好，就要找到学习的趣味所在。很多人都说学习没意思，但只能忍着去努力学习。可事实并非如此。明明有快速地做出数学题的时候，有英语单词背得流利的时候，有轻轻松松就能理解社会科学知识的时候，捕捉并且记住这样的瞬间非常重要。

设想答案1

"学习好的时候。"

这真的是一个学习很好或者对学习感兴趣的孩子。与这个类似的反应还有"解开××题的时候"。这样的孩子找到了学习的真正乐趣，所以父母心里应该是满足的。如果孩子这么回答不是为了讨妈妈欢心，那表明他正在通过学习一点点地尝到成功的快乐。

应答诀窍

让学习在孩子心中变得正面积极要比多背几个英语单词重要。能很好地应对在学习过程中产生的成就感和挫折感是孩子成功和幸福的保证。把这一内容传达给孩子是父母需要做的。最后再给孩子加上这样一句话："学习有趣了就会学得更好，学得更好就更有趣。这就是学习好的秘诀。"

✓

"是啊，感到学习有趣的时候就是学习成绩好的时候。"

"我们艺璨已经知道这个关系了啊。"

✗

"需要什么吗？妈妈都给你。"

设想答案2

"尽情地玩够游戏之后。"

这个回答的意思是先做自己喜欢做的事情，心情好了之后再去学习。也就是说，站在孩子的立场来看，自己心情的好与坏是学习的前提条件。真的有一部分孩子在玩够之后会学得很好并且感觉学习有趣。所以判断自己的孩子到底是不是也是这样就很重要了。

应答诀窍

给孩子一个肯定的反应。然后再向孩子表示虽然可以理解他的想法，但是如果玩游戏太多就会对学习造成影响。妈妈可以把自己的担心充分地告诉孩子，但也要理解孩子现在的感受。不过，如果给孩子做出一些负面的反应，如："那像话吗？玩游戏之后学不好习的。心不是都散了吗？"那么孩子就会想："跟妈妈实话实说一点儿用都没有。从现在开始干脆不再回答了。"

✓

"妈妈理解你。不过玩游戏时间长，学习时间不够怎么办？妈妈有点儿担心这点。"

✗

"想做的都做了，那什么时候学习啊？"

设想答案3

“学习喜欢的科目时。”

大多数孩子都会这么回答。学习喜欢的科目时会感到有趣，从而更加投入地学习，考试成绩也会更好。这是一个良性循环的过程。相反，恶性循环是这样的：孩子对某一科目感到厌恶，可又不得已要坐在桌前学习，结果学习越来越无法投入，进而成绩也下降了。所以，良性循环的学习过程是孩子提高学习成绩的捷径。如果孩子喜欢的科目有好几门那就更好了。

应答诀窍

也许妈妈已经知道孩子喜欢哪个科目了。所以哪怕是开玩笑也不要说这样的话：“你既然喜欢这个科目，为什么考试成绩还是这个样子？”因为孩子会轻易地认为父母的玩笑是对自己的无视和批评。父母需要这样告诉孩子：“喜欢学习就会取得好的结果。好成绩不是最重要的，关键是能把书本上的知识变成自己的。”

✓ “对！妈妈以前也是这样。不过艺璨喜欢哪个科目呢？”

✗ “光说喜欢，可你的考试成绩是什么呀？”

设想答案4

“没有感到有趣的时候。”

也许这是个最诚实的回答吧。很多孩子都觉得学习很难不喜欢学习，所以这样的回答再正常不过。如果孩子喜欢学习，那么某一刻一定会感到学习的趣味。可学习对于大多数孩子来说就是一个大人磨破嘴皮子天天强调的、总是占用自己游戏时间的一个“家伙”。

应答诀窍

父母可以认同孩子对于学习的乏味感、厌恶感和反感等，同时要为了减少孩子的这些感受而付出实际的努力。向孩子提议一起寻找方法来让学习变得有趣，孩子可能会说：“学习怎么可能有趣？本来就没意思。”妈妈要跟孩子说：“先学习简单的内容，先学习自己喜欢的课程，心情好的时候再学习等，有很多方法可以让学习变得有趣。”

✓ “原来学习没意思啊！妈妈以前也这么想。”
“可是如果你认为学习有趣，那么慢慢地就会找到学习的乐趣。”

✗ “现在就讨厌学习，你将来怎么办啊？”

怎么做才能学习好？

孩子到底是否知道能够学习好的方法吗？父母又真的知道吗？为了学习好孩子和父母能想到些什么呢？这是给父母和孩子的作业。重要的一点是，让学习变好的方法一定要经过深思熟虑。

设想答案1

“要努力学习啊。”

这句话大概已经听得耳朵都磨出茧子了。父母和老师有没有一直强调这句话呢？学习没有捷径，最好的方法就是要付出时间和努力，这是放之四海而皆准的事实。只不过孩子到底只是背诵了这句话还是发自内心说出的这句话，在这里有着明显差异。

应答诀窍

即使结果不能尽如人意，也要对孩子认真做出的回答表示肯定。接下来这样跟孩子说：“就像你说的那样以后更加努力地学习吧。虽然现在你也做得不错，不过如果有想偷懒的心思要好好战胜它哦。”或者也可以这样说：“不过实际上你好像做得还有些不足呢。我期待你以后会慢慢变好。”

✓ “廷书很清楚学习好的方法呀。”

✗ “既然你很明白，为什么平时还不学习呢？”

设想答案2

“要好好制订学习计划。”

与笼统地努力学习相比，这个回答是具体的、有战略性的。这个孩子应该已经对学习方法做了一定程度的思考。当然也有可能是周围的大人已经告诉他计划的重要性，不过重要的是能够从孩子嘴里说出“计划”这个词。好好制订计划就意味着可以系统地提高实力应对考试。

应答诀窍

如果孩子的学习成绩相当好，那就这样跟他说：“你的××（数学、语文……）成绩之所以这么好就是因为你很好地制订了学习计划。”如果孩子学习成绩不算好，那就跟他说：“与制订计划相比，下定决心并且付诸行动更加重要。”很多孩子在制订计划后都决心以后要好好学习，可大都坚持不了几天。因此妈妈必须对孩子进行监督和提示：“如果你把制订好的计划给妈妈看，妈妈就会在旁边帮助你好好执行的。”

✓ “虽然好好制订计划很重要，但更重要的是下定决心并付诸行动。”

✗ “光好好制订计划有什么用？要有实际行动啊。”

设想答案3

“如果能得到奖赏就可以。”

这个孩子把好好学习和奖赏联系到了一起。孩子具有这样的思考方式有很大一部分原因在于父母的养育态度。通过这样的“补偿育儿”，父母达到了让孩子按照自己的想法行动的目的。当然补偿不一定都不好。可是，如果希望孩子能够自我满足，那么对孩子的这个回答就需要警惕了。

应答诀窍

先平静地接受孩子的这个回答，不要指责孩子“你是想得到奖赏才努力学习吗”或者“那是比你小的孩子才会说的话”等。因为孩子在听到这些话的一瞬间就会想：“白说了！妈妈总是这样。以后我不再说实话了。”所以，可以问问孩子想要的东西是什么，接着要告诉他，学习的目的是自我满足而不是物质的满足。父母要让孩子知道，成就感和满足感是最珍贵、最激励人的奖赏。

✔ “廷书，你想要什么奖赏呢？哪怕只是为了得到喜欢的东西而努力学习也很好啊。”

✖ “你现在几岁了呀？现在还惦记什么礼物。”

设想答案4

“不知道。”

这个孩子对学习完全没有兴趣。也许还固执地认为无论怎么努力学习都不会好。更糟的情况是孩子不喜欢学习并认为自己缺乏学习能力。无论是哪一种情况，妈妈都要引起注意。从现在开始，妈妈要做的事情就是减少孩子对于学习的厌恶、恐惧、拒绝、反感等情绪。

应答诀窍

最重要的是妈妈能够毫无保留地接受孩子对于学习的消极心态。孩子本来以为会被妈妈批评，没想到妈妈反而要帮助自己，这种反应会让他感到安心。或许孩子会回答说：“我讨厌学习，但学习不难也不可怕。”这算是比较幸运的反应，妈妈可以用这句话来鼓励他：“是吗？谁都可能会觉得学习没意思，甚至感到厌烦。不过如果能比现在少讨厌一点儿学习，将来有可能会慢慢变得喜欢学习的。”

✔ “廷书觉得学习很难，有些害怕啊。和妈妈一起找找方法让学习变得快乐吧。”

✖ “对学习干脆就没兴趣啊。你想怎么样呢？”

关键词 03
身体

你的孩子正在好好地照顾自己的身体吗？

这是个身体发生变化的时期。大部分孩子都在这一时期开始出现第二性征。男孩开始变声，长出胡须，女孩胸部变大，出现月经初潮等。男女共同的变化就是身高快速地增长。女孩的第二性征在11～12岁开始出现，男孩的第二性征在12～13岁开始出现，但是每个人开始和持续的时间存在个体差异。每个孩子的差距悬殊，有的孩子突然变得很高，身材好像大人一样；有的孩子则没什么变化，还保持着以前的孩子气。孩子经常盯着镜子里的自己和别人的身材进行比较。

对孩子来说，这一时期的身体是他们自己的象征。他们认为身体的变化是最确切、最清楚的自我表现方式，并对此倾注了很多的关注和精力。但与此同时，这也会成为失望、挫折以及自卑的源泉。男孩都是想让自己的肌肉发达，个子变高，看起来又帅又强大。女孩希望自己变得苗条，皮肤变得白皙，想要化妆戴首饰。另外，也有一些孩子认为自己的身体无关紧要，以此来表达自己的压力和痛苦。会说出一些言辞激烈的话或者做出一些激烈反抗的行为。

孩子会做出这样冲动偶发的行为都是因为大脑。相对于身体发育，大脑的发育要缓慢得多，大致要到25岁才能发育完全。特别是青春期的孩子，主管冲动调节的前额叶发育还不成熟，即使身体发育已经成熟，大脑却没有跟上。也就是说大脑的发育跟不上身体的发育，所以孩子在心理上仍然是个孩子。

因此，父母仍然有责任对孩子进行管理和监督。但是绝不能像以前一样用带有权威的命令的方式，而要转变为引导、说服、尊重的民主态度。还有，父母需要继续关注孩子的身体变化，要告诉他们好好管理、珍惜自己的身体。

身体管理的主体也要从父母渐渐地向孩子自身转移，这项工作要在这一时期好好地打下基础。父母要认识到孩子的身体变化并帮助孩子最大限度地减少对于他身体变化的不安情绪。即要降低孩子对于外貌的过分关注，让他好好地管理自己的身体。还有一点需要注意，父母不要因为过分地关注孩子的身体而忽略了其他的发展课题。

你的身体有什么变化吗？

这一时期的身体变化会令孩子感到惊慌或者不安。以前在父母面前穿衣服，甚至光着身子走来走去都完全无所谓的孩子变了，他们开始穿着衣服进浴室，出来的时候也会用浴巾包着身体快速走回自己房间。造成这个改变的原因正是身体上的变化。父母要想知道孩子的身体变化，最好的方法就是直接问问孩子。如果爸爸和儿子或者妈妈和女儿有一起洗澡的机会，也可以进行观察。

设想答案1

“个子长高了，变胖了。”

青春期最大的变化大概就是个子一下子变高了。女孩在个子长高的同时体重也会增加，所以她们会担心“变胖”。无论怎样，一般个子变高、体重增加对孩子来说也是一个神奇的、重要的变化。几乎每个孩子都会说喜欢自己的个子变高。

应答诀窍

妈妈要告诉孩子自己也注意到了他的身体变化。偶尔会有孩子说：“个子该长高可没怎么长，真失望。”他会跟那些生长速度较快的朋友做比较，由于自己的第二性征还未出现，所以也会担心。对这样的孩子，妈妈要对他说：“有一天你也会一下子长大的。每个人的发育时间是不一样的。”与此相反，还有的孩子会有这样的担心：“现在都长大了以后会不会个子不高呢？”对这样的孩子，妈妈要对他说：“现在应该是到了急速生长期，你要努力好好地吃，好好地睡，多做运动，让自己的个子好好长高。”

✔ “没错，我们廷书最近长大了很多。”

✖ “可与同龄的孩子比，你还差得远呢。”

设想答案2

“脸上长了什么东西。”

孩子对自己面部的关注一下子多了起来。与父母小时候不同，现在的孩子脸上长了青春痘已经不提倡用手挤、用纸擦的处理方式了，建议去皮肤科找医生咨询的也不少见。长了胡须的男孩好像成为真的男人一样“装腔作势”，样子既好笑又满足。

应答诀窍

除了青春痘，变声期、胡须等第二性征都可能成为孩子的答案。无论是哪一种，父母都需要清楚地知道并且接受孩子生理上的变化。假如是对月经初潮的女儿，那么就要对她表示祝贺：“你终于成为真正的女人了。”重要的是，孩子身体上的变化不只是孩子自己要知道的事情，而且包括父母在内的全家都要知道。这是确认全家是一个共同体的契机。不过要根据孩子自己的意愿，父母要对不同性别的兄弟姐妹保守秘密。

✔ “终于进入青春期了啊，所以才会长青春痘，胸部也会变大。”

✖ “这么快？岁数还不大呢，时间过得真快。”

设想答案3

"就是那什么……"

随着进入青春期而开始出现第二性征，对此第一次感到慌乱的人正是孩子自己。孩子对于自身发生的变化不太容易理解。这里或者那里好像有了什么不同但又很难正确地认清或者做出解释，这种情况在孩子身上出现了。

应答诀窍

首先要对孩子的身体变化表示关心。如果孩子和父母性别相同，孩子问起来可能比较自然，不过即使是异性，孩子也不用觉得别扭或者尴尬。直接问问孩子身体的变化，或者列出几个问题再让孩子选择。举例来说，妈妈可以对孩子说："男孩进入青春期之后嗓音会变粗，手脚会变大，胳膊和腿的肌肉开始变发达，阴毛等全身毛发都会开始生长。"虽然孩子会感到害羞，但妈妈对自己的变化说得这么详细会让孩子再次感受到妈妈的理解和爱。

✔ "一个人到了青春期，身体很多地方都会发生变化的。"

✖ "在妈妈看来，你现在完全像个大人了呢？完全长大了。"

设想答案4

"不太清楚，好像没什么变化。"

即使年龄上已经到了青春期，也有可能因为第二性征还未出现而没有什么变化。一般来说，到了青春期，孩子的身体都会发生变化，但是由于个体之间存在差异，所以有的人身体变化相对缓慢。

应答诀窍

随着第二性征的出现，每个人都会逐渐变成大人的模样，只是个体的早晚存在差异。此外，孩子对于朋友的身体变化能否很自然地接受也很重要。父母可以这样跟孩子解释："你也知道吧，青春期男孩会长胡须，个子也会长高，女孩会出现月经初潮，胸部会变大。这是一个人长大的必经过程。"

✔ "是吗，看来我们廷书现在还没到青春期呀。"
"再过一段时间你就会进入青春期的，这是自然规律。"

✖ "看来你的青春期来得比较晚，太好了。"

Q10

你最在意的是身体哪个部位？

随着身体变化而发生的另一个变化就是对外貌的敏感。和以前相比，孩子开始更多地照镜子，通过镜子来熟悉自己身体的每一个部分并做出评价。有的孩子一边自我陶醉：“我的鼻子真挺啊！”一边自我贬低：“不过我的脸怎么这么大呢？”其实，外貌只不过是一个人展现出来的样子，但令人着急的是孩子似乎把外貌看成自己最重要的部分。

设想答案1

“我讨厌个子太矮。”

对于这一时期的孩子来说，身高是非常重要的问题。有些孩子甚至会因为自己个子矮而讨厌上学。一般来说，男孩对于自己的身高比女孩更加苦恼。令人着急的是，与客观上的个子矮相比，主观认为自己个子矮的人会更加苦恼。

应答诀窍

与因为个子高而苦恼相比，因为个子矮而苦恼的情形更常见。所以绝不要跟孩子说：“是啊，因为你个子矮，所以要努力学习让自己成功。”但是可以问问孩子是否由于个子矮而苦恼。如果孩子回答：“个子再高点儿就好了。”“个子矮很伤心。”那么妈妈一定要给予孩子安慰和鼓励：“你还可以再长高的。虽然身高很重要，但更重要的是你的心地、知识、人格、性格等。”

“我们艺璨不必因身高问题而担心啊。”

✕ “是啊，因为你个子矮，所以要努力学习让自己成功。”

设想答案2

“脸太大。”

孩子对于外貌的苦恼多了起来。过去也就是担心个子高矮，长得好看或者不好看。可是现在却对外貌有了各种不满，脸太大，腿太短，脖子太短，肩太宽，颧骨太高等。不用说，这都是因为媒体中整天强调艺人们的V形脸和瘦长的曲线美，可见媒体对孩子的审美观影响很大。

应答诀窍

要让孩子接受平凡的外貌。艺人们的秀美面容只是少数。对于孩子喜欢电视中的艺人这件事父母可以欣然接受，但是要告诉孩子和艺人们不一样也可以。再加上一句话：“普通人的脸的大小和你差不多。”父母还要让孩子知道现实中的差异：“有人跑一百米更快，有人个子比别人高，有人脸比别人小。每个人拥有的身体条件都是不一样的。”

“你是把艺人作为标准才这么说的吧？你跟普通人差不多。”

✕ “你又不是演员，干吗对脸那么在意？”

设想答案3

"讨厌某一部位……"

在这一时期，很多孩子对于自己身体或者脸上的某一特定部位感到不满。如果从单纯的不满发展为自卑就是更大的问题了。短下巴、单眼皮、小眼睛就好像是和父母一个模子里刻出来的，孩子那么不喜欢这个样子真让人心痛啊。

应答诀窍

首先要告诉孩子，现在他正在成长过程中，长大之后还会有所改变，哪怕孩子说"妈妈不就是因为我是你的孩子才觉得我好看吗"，也要这样跟他说。如果妈妈顺着孩子的回答这样说："哎哟，说的是啊。怎么办呢？妈妈也很担心这一点啊。"那么孩子就会认定这是一个连妈妈都承认的相当大的外貌缺陷。所以即使是开玩笑也要避免这类表达。还需要引起注意的是不要跟孩子说："妈妈觉得不像你说的那样。不要总是操没用的心，好好学习吧。"

✔ "艺璨还在长呢，以后会变得很有特点的。"

✘ "说的也是，为什么××（鼻子、眼睛等）偏偏长得像爸爸呢，妈妈也很头疼。"

设想答案4

"没有。"

进入青春期之后，孩子会一下子格外关注自己的外貌，这是个比较普遍的现象。有的孩子对自己的外貌过分无视，甚至洗都不洗。问他原因，他会回答："麻烦，反正马路上不也很脏吗。" 如果问他一些关于艺人的问题，他会说："我对艺人之类的没兴趣。长得是否好看没那么重要。"

应答诀窍

如果孩子对于外貌没有什么苦恼或者矛盾，那么这一时期将可以舒服地度过。不过，如果孩子对于外貌过分无视，甚至连脸都懒得洗，就要对他进行以下忠告："外貌是否出众不重要，但是保持干净端庄很重要。这是对其他人的尊重，所以要养成良好的卫生习惯。"

✔ "与整天打扮得花枝招展相比，保持一个干净端庄的形象更加重要。"

✘ "我们儿子长得像谁呀，怎么这么有自信？"

Q11

身体有没有感到疲惫或者不舒服?

这一时期，虽然孩子对自己的外貌格外关注，但是父母则更加关心孩子的身体。父母询问孩子的身体状况，告诉孩子不仅要关注自己的身体变化、外貌，还要注意自己的身体健康，这是更加重要的问题。

设想答案1

"没有，没关系。"

身体是重要的。只有身体舒服了，心情才会舒畅。无论何种原因，如果睡不好觉或者吃不好饭，都容易导致身体抵抗力下降甚至生病。父母要仔细观察孩子的身体状况，并随时向孩子了解情况。

应答诀窍

告诉孩子身体健康的重要性。如果孩子提出"怎么做才能让身体更健康"这个问题，那么妈妈就告诉他吧："好好睡觉，好好吃饭，心态积极向上就可以了。"如果孩子听到这句话之后趁机反问："那么为了身体好，我晚上不能学习到很晚才睡觉吧？"这时，妈妈要沉着冷静地告诉孩子："没错，只有在白天好好利用时间学习，晚上才会有充足的睡眠时间。如果玩儿太长时间也会占用睡眠时间。而且看电视和玩游戏都是坐着，这样时间长了眼睛和脑子很容易疲倦。"

✓
"是吗？太好了。"
"我们廷书现在长大很多了，要好好管理自己的身体。"

✗
"妈妈怎么觉得你好像有哪里不舒服呢？"

设想答案2

"身体不舒服。"或者"想休息。"

处于生长过程中的孩子表现出疲惫是个比较严重的问题。这可能不是孩子的身体而是心理上感到疲惫，也可能是孩子不想学习在装病，还可能是患某种疾病的信号。无论是哪种情况，父母都不能忽视孩子的回答。

应答诀窍

先让孩子休息一下。即使妈妈不是医生，那也需要按照自己的想法去判断一下孩子的身体状况，有没有疼痛或者发热，是单纯地感到疲惫还是体力下降。有时候，孩子只要说说自己的身体不适就可以从妈妈那里获得精神安慰和身体的活力。给孩子提供充足的睡眠和营养，并关注孩子的情绪，只要孩子身心健康，就会充满活力、神采飞扬。

✓
"是吗？那就先休息一下吧。"
"你哪里不舒服？仔细跟妈妈说说吧。"

✗
"你总是熬夜，当然每天都觉得累了呀。"

设想答案3

“浑身没劲儿。”或者“干什么都很烦。”

实际上这样的回答都是在表达一种无力感。特别是忧郁的孩子干什么都烦，对任何事都提不起兴趣，在日常生活中也常常萎靡不振。身体看上去软弱无力，整天都说累只想睡觉。

应答诀窍

事实上，感到浑身无力、干什么都提不起兴趣的孩子自己也很孤独。难道孩子会故意让自己变成这个样子吗？所以严格来说，这并不怪孩子，应该怪那些让孩子感到孤独的压力或者环境因素。父母需要帮助孩子找到这些压力和因素并做出调整。有些父母不问是非缘由就跟孩子说：“为什么这个样子？你没有理由没有劲儿啊！”“你到底是缺什么呀？这么没有活力！”这就好像是说孩子是因为精神上太过松懈才导致自己陷入无力状态。如果父母感到自己解决不了这类问题，那么可以去咨询相关专家。

“看来你是身心俱疲啊，需要调整一下。”

✕
“你到底是缺什么呀？这么没有活力！”

设想答案4

“身上疼而且不对劲儿。”

生活中，有的孩子直接指出头疼、肚子疼、四肢疼痛、肌肉僵硬、消化不良等身体各处不对劲儿的地方。这可能是孩子真的患上了某种严重的器质性疾病，也有可能是一种躯体化症状。所谓躯体化症状是指由心理原因引起的各种生理现象。

应答诀窍

父母需要先掌握孩子最严重的症状并带孩子去医院接受医学诊断。如果医学检查之后没有发现异常，就可以推测是躯体化症状了。这个时候父母就需要再仔细地检查一下给孩子造成压力的心理和环境因素了。由于孩子会否认或者还不能很好地领会心理冲突和身体症状之间的联系，因此可能还需要心理方面的诊断和治疗。孩子现在最希望的是自己身体上的不适能够得到以父母为主的周围的人的理解和帮助。

“身上疼？能仔细地跟妈妈说说吗？”

✕
“准确地说说哪里疼。”

Q12

你在好好地照顾自己的身体吗？

这是父母向孩子强调身体健康时更进一步的提问。妈妈希望孩子能够好好管理自己的身体，除了远离疼痛困扰，更要让身体保持最佳状态，随着孩子渐渐长大，父母需要很自然地让他知道身体管理的主体是他自己。

设想答案1

"嗯，照顾得很好。"

这是一个不像孩子的稳重的回答。是的，父母从小就要培养孩子管理自己身体的习惯，要爱惜身体，不能随意消耗。有的孩子会很好地吃各种营养丰富的食物，而有的孩子却总爱挑食。好好吃饭的孩子对每件事都充满热情，在拥有好身体的同时，也形成了良好的人格。

应答诀窍

对孩子的回答提出表扬。如果孩子一直在有规律地做运动，那么不要吝惜你的鼓励，让孩子继续保持这个好习惯吧。对孩子说："你现在做的运动对身体健康很有帮助。妈妈看到你运动的样子真的很开心。"同时再用这句兼具提问和确认的话来再次强调健康的重要性："维持现在的身体状态很重要。如果要想达到这个目的就要保持良好的睡眠习惯，适当运动，看电视或者玩游戏要适度。掌握了这些生活细节，就能让自己的身体更加健康。"

✔ "我们艺璨很清楚身体的重要性啊。只有身体健康，才会神清气爽、充满活力。"

✖ "告诉你，从现在开始你的身体你自己看着办。"

设想答案2

"没有啊，怎么了？"

这个孩子还没有认识到身体的重要性。这个时期的孩子很多都会给出这样的反应。因为他们大部分都很健康，精力旺盛，感觉有使不完的力气。随着身体的发育，对热量的需求旺盛，孩子吃饭好，消化好，还能走能跑，而且睡眠也很好，当然就会认为自己的身体很健康。

应答诀窍

实际上，身体健康是孩子学习、玩耍的前提条件。但是孩子还没有完全理解它们之间的联系。也可能是孩子认为自己的身体好是理所当然的，并没有好好珍惜。对于那些未能领会身体管理必要性的孩子，父母可以告诉他："如果身体不健康就真的什么也做不了了。"只有失去健康之后才知道它的珍贵，所以父母要反复跟孩子强调健康的重要性。

✔ "如果你想保持健康，就要爱惜并照顾好自己的身体。"

✖ "你只有病一次才知道健康的重要性！"

设想答案3

“我要学习，没有时间。”

家长可能会郁闷了，问孩子的问题是身体怎么样，他却突然把焦点转移到了学习上。也许无论什么问题，他最后都会把学习时间当作借口来回答。孩子之所以总考虑学习，这可能是因为受到父母的影响或者强迫。孩子的回答中隐藏着这样的信息：“我整天只顾着学习，没时间操心别的事。”

应答诀窍

妈妈要告诉孩子身体健康比学习更重要。孩子听到妈妈的话会想：“原来，与好好学习相比，妈妈更希望我的身体健康啊。”这个想法让他感到安心和感激。最后还要给孩子这样的忠告：“虽然学习很重要，但是不能因为学习而不顾其他的事。把学习、健康、幸福、生活规律、朋友关系等都重视起来就行了。”

✔ “全身心地投入到学习当中会很辛苦，即便如此也要好好照顾自己的健康，这更重要。”

✖ “学习和身体管理有什么关系？你学习又学了多少？”

设想答案4

“只是照顾好身体有什么用。”

这是个多少有些喜欢冷嘲热讽的孩子。他认为身体没那么重要，而那些精神或者能力等更重要，或许还会出现陷入自我厌恶的情况。和一个初中二年级男生谈话时他说过这样一段话：“我学习也不行，朋友也不喜欢我，长得也不好看，可还要吃饭、穿衣、上课外班，就会让我的父母花钱。我吃饭都是一种浪费。”

应答诀窍

在这样回答的孩子之中偶尔会有一些孩子用自残的方式来表达他对于自己的不满，比如揪自己的头发，掐自己的胳膊或大腿等。一定要改掉这种随意对待自己身体的行为。妈妈在平时一定要多多跟孩子说珍惜自己的身体，好好照顾自己的身体。要记住，健康永远是第一位的。

“只有身体健康了，将来才能做好所有事情。如果身体不好，就不会有很高的生活质量。”

“那每天都躺在医院里就好了？”

关键词 04
异性朋友

你的孩子有异性朋友吗？

生活中，还有比异性朋友更能让父母提高警惕的事吗？这个时期孩子对异性产生兴趣是再自然、再正常不过的事了。那么，孩子到底是从什么时候开始把异性和性联系起来的呢？最重要的转折点就是第二性征的出现。随着身体的迅速发育，孩子（特别是男孩）对于接吻、拥抱、做爱等与性有关的行为越来越感兴趣。这正是这一时期孩子对于异性朋友特别关注的理由。需要说明的是，这一时期要严格禁止孩子发生性行为。在这样的关键时期，父母和孩子的关系就变得更加重要了。

当孩子有了异性朋友的时候，父母都会经历慌张和矛盾。为了减少父母与孩子之间的矛盾，对话的方式就显得很重要。举例来说，当一个男孩正在为无法向喜欢的女孩表白而苦恼时，妈妈不要说“你还是小不点儿呢，什么女人呀？赶紧学习”，而是要跟他说“你长大了很多呀。你喜欢她什么呢？不过这不耽误学习吗”。这是妈妈在猜测了孩子的心理动机之后直接把自己的希望表达了出来。这样可以在安抚孩子不安的同时把妈妈的意思转达出来。

当孩子交往的异性朋友不合父母心意时，双方也很容易发生矛盾。与教训孩子相比，这个时候应该对孩子说：“你很喜欢那个孩子吗？喜欢她什么呢？但是妈妈担心你会因此影响学习或者打乱生活节奏。”这就是妈妈在接受了孩子的情绪之后把自己所担心的事情直接表达了出来。这就是“YOU MESSAGE”和“I MESSAGE”（这是人与人之间出现矛盾或不满时，把矛盾和不满表达出来的两种方式。I MASSAGE不会给对方的心灵造成伤害，可以更加有效地转达自己的想法——译者注）。

最后，当成长加快的时候，孩子可能会因为肢体接触等有性含义的行为而苦恼。比如说，如果和我们女儿交往的男孩想接吻或者要求肢体接触该怎么办？父母要提前告诉孩子可能会发生这样的事情，并且要告诉孩子千万不要自己做决定，而要和妈妈进行讨论。教育孩子不要沉迷在那一瞬间的气氛或者感情之中，而要学会转移自己的注意力。还要告诉孩子，千万不要因为以下几个因素就答应对方的过分要求，比如感觉对不住对方，担心因此而令对方离开，害怕对方等。如果孩子真的向妈妈倾诉了苦恼，妈妈要对孩子说：“一定很吃惊吧？你能把这些告诉妈妈，做得很好。那么，怎么解决这个问题呢？”在猜测出孩子的感情之后一起聊一聊合适的应对方法。特别是对于男孩，父母一定要用更加直接和强烈的语言来表明态度：“你虽然可以交异性朋友，但是绝不能学大人那样接吻或者发生肢体接触。你还是未成年人，性行为是禁止的。就好比一只青苹果，只有等它长熟了才能采摘一样。”

Q13

你喜欢什么类型的异性朋友？

父母一定要向孩子提出这个问题，因为从这一时期开始孩子慢慢对异性产生兴趣。现在父母来详细地了解一下孩子对于异性的期待、好恶、感情等内容吧。

设想答案1

“我喜欢××。”

妈妈曾经听孩子说出这个名字吗？大概十之八九都听说过这个名字吧。孩子常常会把自己关心的异性朋友的名字挂在嘴边并且把他说过的话、做过的事讲述出来。当然经常提到这个名字也可能是孩子在别人背后说长道短。如果这个名字是孩子第一次提到，那可能是孩子在偷偷地喜欢这个人，或者平时孩子不怎么和妈妈进行交流。

应答诀窍

由于这一年龄的孩子可能对异性的表现比较敏感，所以妈妈要慎用一些比较直白的表达，比如“你喜欢××吗”这样的句子。同时还要尽量避免使用否定孩子的表达方式，比如“妈妈觉得××就那样呀”。妈妈应该这样提问：“你觉得××怎么看你呢？”“××也很受其他朋友的欢迎吗？”“她和其他女孩（男孩）有什么不同呢？”……通过这些问题的交流可以了解孩子喜欢别人的程度。

✔ “原来××合我们艺璨的心意啊。这个朋友的哪一点最吸引你呢？”

✘ “真的？你喜欢××吗？”

设想答案2

“我喜欢漂亮、善良的孩子。”

这个答案要根据不同性别区别对待。就像前面的例子一样，如果孩子没有提到具体的姓名只是说出一些特征，那就表明孩子还没有喜欢的异性朋友。不过还有一种可能是孩子担心听到妈妈反对的声音，所以即使心里有了喜欢的异性却只说出他（她）的特征。

应答诀窍

先问问孩子什么样的孩子又漂亮又善良。如果孩子提到了某一个孩子，那么妈妈就可以问问关于那个孩子的具体情况了。可如果孩子回答的是“没有那样的孩子”呢？那么可能就意味着孩子正在创造一个自己喜欢的异性形象。如果孩子回答妈妈“为什么这么问”或者“我不想说”，那么这往往是一种典型的青春期心理。有时候，也许孩子对某个异性已经心生好感，但是不太会表达自己的感情，或者这种感情来了又走了。这时妈妈就要用这句话来结束对话：“那就下次再跟妈妈说吧。”

“那艺璨觉得谁是漂亮又善良的孩子呢？”

✘ “是吗？你在说××呀。”

设想答案3

“谁也不喜欢。”

与对异性充满期待不同，好朋友们看起来都很平凡或者都有些欠缺，所以孩子会给出这样的回答。孩子可能正在对自己理想的异性进行幻想或者已经陷入对理想异性的空想中。如果孩子还没怎么对异性产生兴趣，也可能会这么回答。一般这种情况下，孩子往往沉迷于与同性朋友之间的游戏或者经常发言贬低异性。

应答诀窍

对异性没有兴趣并不是结束，父母需要确认一下孩子和朋友的关系是不是不好，还可以进一步问一问孩子有没有不喜欢的朋友。因为孩子有可能被欺负或者被戏弄，所以要详细询问确认。如果确认后发现孩子只是对异性的好奇心或者兴趣不足，那么父母就不需要担心了。但是如果孩子说跟异性朋友之间有矛盾或者被冷落、被欺负，父母就要好好地了解一下情况。

✔ “是吗？你和女孩（男孩）们相处得好吗？有没有特别不喜欢的孩子？”

✖ “为什么？不喜欢女孩（男孩）吗？”

设想答案4

“没什么喜欢不喜欢的。”

这个孩子很可能对异性还没有产生兴趣。让我们好好地看看这个孩子吧。如果他还是满脸稚气，没有显现第二性征，那么这个提问可能还没怎么触及他的内心。但是如果孩子明显已经进入青春期，那么他可能很想告诉妈妈自己对异性还没什么特别的兴趣，另一种可能是他也许正在心里隐约地描绘自己喜欢的异性类型。

应答诀窍

父母要承认孩子回答当中隐藏的心思，因为孩子没有兴趣或者装作没有兴趣。但是现在孩子或者孩子的朋友们马上就要进入青春期了，他们会按照自己的想法来适应自己或者周围的变化。因此妈妈要提前给孩子提供一些帮助：“就好像喜欢某一类型的朋友一样，你马上也会有合心意的异性朋友的类型的。”这些话可以让孩子情绪稳定，妈妈的这种努力很重要。

✔ “就好像艺璨喜欢某一类型的朋友一样，你也会有合心意的异性朋友的类型的。”

✖ “跟妈妈实话实说吧。有喜欢的朋友吗？”

Q14

你想结交异性朋友吗?

问问孩子对异性交往的渴望程度。这是一个交往兴趣渐渐由同性转移到异性的时期，但不是所有的孩子都希望结交异性朋友。对异性的好奇、憧憬、厌恶、过去的经历、周围的评价、父母的认知等，它们在一起综合作用会对孩子结交异性朋友产生影响。

设想答案1

“嗯，想。”

一般处于正常发育中的孩子都会这样回答。或许有的孩子会感到害羞，吞吞吐吐地说“想是想——”，这也是在诚实地表达自己的感情。结交同性朋友的同时也结交异性朋友，并且和他们保持良好的关系，这是孩子人生当中非常重要也是非常必要的事情。事实上现在这一时期，同时结交几个异性朋友要比只结交一个好。

应答诀窍

对孩子的回答要很自然地接受。同时告诉孩子：“但是对待女孩（男孩）的时候要有礼貌。”对异性的尊重是孩子最需要领会的品德，只有这样才能最大限度地减少矛盾。特别是当男孩用一些玩笑或者相反的行为来表示对女孩的好感时，反而会令双方的关系变坏。父母可以用下面的提问来确认一下孩子对异性到底有多少兴趣：“或许你现在有交往的孩子吧？”

✔ “没错。妈妈（爸爸）在艺璨你这个年纪也开始对异性产生兴趣了。”

✖ “你不是已经有正在交往的朋友了吧？”

设想答案2

“没兴趣。”

每个孩子的发育速度不同。一年之后再问孩子一次这个问题，可能就会得到不同的回答。对孩子的回答不要太在意。有的妈妈会松一口气，想：“哟，太好了！如果现在就感兴趣会耽误学习的。”还有的妈妈会担心：“奇怪啊。我家孩子还太小吗？一般这个年纪都会对异性感兴趣啊。”这两种都是急性子的妈妈。如果孩子到了结婚的年纪他还是这样回答，妈妈恐怕会忧心忡忡了。

应答诀窍

很明显，与异性相比，同性之间有着更多的共同语言，相处起来也更舒服。所以父母对孩子的这个回答不用太担心。当然，父母还要告诉孩子与异性朋友交往的重要性。“女孩也好，男孩也好，大家都是朋友，所以最好能好好地相处。要努力地去理解女孩们（男孩们）。”对于父母这些直接的话语，孩子的反应可能多少有些不以为然，但这些话还是要告诉他。

✔ “女孩也好，男孩也好，大家都是朋友，所以最好能好好地相处。”

✖ “真的没兴趣？可以跟妈妈实话实说。”

设想答案3

“讨厌男孩（女孩）。”

这个回答表明孩子可能对异性感到厌恶，这不是什么好的信号。女孩对男孩那些过分的言行感到不快，而男孩由于好胜心强、思维活跃，有时会做出过激的言行。另外，男孩对女孩细致的指责感到慌张，或者无法很好地理解女孩奇妙的感情。男人来自火星，女人来自金星，孩子的感受已经开始接近这一描述。

应答诀窍

首先把孩子的回答重复一遍，然后再问一次“你想结交异性朋友吗”这个问题。如果孩子能给出一两个名字并说出他们的优点就太好了。因为这样妈妈接下来就可以对他说：“是，不是所有的男孩（女孩）都是那样的，每个人都有自己的优点。”可是，如果孩子给出的都是不好的极端反应，那么妈妈要用认真的语气对他说：“即使现在再怎么不喜欢，终究还是要学会如何与他们相处。”

✔ “即使如此稍微好一些的男孩（女孩）也没有吗？”

✖ “如果你不喜欢他们，那么他们也不会喜欢你的。”

设想答案4

“交往好还是不交往好？”

这可能是一个依赖性比较强的孩子，也可能是道德观念清晰，想让父母评价一下交往这件事是否正确。“现在不是不能与异性朋友交往吗？应该等上了大学再交吧？”如果孩子没有提出这样的疑问就太好了，因为从某种程度上来说，孩子可能是受到父母的洗脑教育，才提出了这个问题。

应答诀窍

要清楚地告诉孩子他自己的想法比父母的想法更重要。因为只有这样孩子才能再次思考做出回答。“我想了想，现在好像可以交往异性朋友了”“现在好像还不是时候”，无论是哪一种回答都没有关系。妈妈要对他说：“好，以后也跟妈妈实话实说吧。”用这句话来强调和妈妈交流的重要性。如果孩子说“我都会按照妈妈说的去做”，妈妈也不能高兴地认为这是个孝顺孩子，反而要担心他会是一个缺乏主见的“妈宝”。

✔ “不用考虑妈妈，艺璨的想法最重要。”

✖ “我们儿子真是个孝子啊！都会按妈妈希望的做吧？”

Q15

男孩和女孩有什么不同?

男孩和女孩的不同点是什么？通过这个提问可以知道孩子对于性别的认识。孩子对于自己性别的满足程度、性别认同、对异性的态度、性别之间的竞争与合作等问题到底是怎么想的呢？现在就让我们来了解一下吧。

设想答案1

“男孩力气大，女孩力气小。”

这是一个还没有脱离孩子想法的回答。不过不用吃惊，因为即使成年男人也会有很多人给出同样的回答。不过，越是小的孩子越会把关注点放在力量和肌肉上，随着孩子年龄的增长，他们的关注点会放到包括社会地位、经济能力等方面的差别上。

应答诀窍

这个回答大概会引发一段有趣的对话。父母可以了解孩子现在关于男女之间的差异有什么想法。孩子大概会告诉父母女孩更聪明学习好，或者男孩喜欢并且擅长足球、电脑游戏之类的活动。如果孩子告诉父母男孩需要在外挣钱养家，女孩需要在家带孩子，父母就要改变他这种守旧的想法并告诉他现代生活的实际情况。

✔ “对，不过还有其他的不同。当然，男孩和女孩也有相似的地方。”

✖ “不是的，比男孩力气大的女孩不知道有多少呢。”

设想答案2

“女孩学习好，男孩学习不好。”

会有很多的孩子给出这样的回答。从小学高年级开始，男孩变得热衷于电脑游戏或者和其他男孩共同玩游戏，而女孩则比较听话好好学习。到了中学之后，这种差别会越发明显。现在，所有领域的考试之中已经明显地受到了这种偏见的影响。

应答诀窍

孩子从过去经历中获得的理念可能不一定正确，所以重要的是让孩子敞开心扉，以防在他心中形成偏见。区分男孩和女孩的时候也一样。要告诉孩子首先要关注个体之间的差异而不是性别之间的差异。如果父母也同意孩子的说法，那么男孩可能会认为“我是男孩，所以学习不好很正常”，女孩可能会认为“因为我是女孩，所以学习就一定要好”。

✔ “是吗？妈妈认为这不是男孩和女孩的不同，而是个人之间的不同。”

✖ “没错，女孩学习确实比男孩好。”

设想答案3

“女孩会生小孩。”

这个回答说明了男女之间重要的生理差异。孩子不仅清楚地知道自己是由妈妈生下来的，而且“母性”的重要性时时挂在心中。通过妈妈，孩子把女性形象化了；通过爸爸，孩子把男性形象化了。

应答诀窍

先把对女性的正面认识植入孩子心中。如果孩子问：“那么男的呢？”妈妈最好这样告诉他：“男的也重要啊。男人和女人在一起才会有小宝宝。”这个年龄的孩子应该对怀孕和生产的知识有所了解。如果女儿跟妈妈说：“女孩要生孩子太辛苦了，我不喜欢。”那么这时就需要妈妈对她进行耐心指导了。

✔ “是啊，女人要生孩子，所以女人才是很珍贵的存在。”

✖ “没错，妈妈也因为生你受了很多苦。”

设想答案4

“没什么不同。”

这个回答有合理的部分。因为这个孩子认为无论男女都是人，如果有不同，更多的是指个人之间的不同而不是性别上的不同。在未来，与男女的区别相比，谁工作更加努力，谁生活得幸福更为重要。但是，如果对男女之间存在的正常的生理差异持否定态度，这是一种错误的观点。

应答诀窍

为了确认孩子的认知程度可以再次提出这个问题。对于“真的没有不同吗”这个提问，如果孩子回答“与不同相比，共同点更多吧”，那么表明孩子对于男女的认知程度相当高；如果孩子回答“有是有，可我不太清楚”，那么表明这个孩子平时没有感觉到什么不同，是一个有些粗心的孩子。妈妈还要对孩子说：“男女虽然在样貌和身材上存在差别，但是基本的想法和感受是一样的。”

✔ “是吧。男女虽然在样貌和身材上存在差别，但基本的想法和感受是一样的。”

✖ “不是的。男人和女人从样貌到想法都是完全不同的。”

Q16

你有讨厌的异性朋友吗？

在某些情况下，对异性的关注和好奇心会发展为厌恶或者憎恶。女孩对那些调皮捣蛋的男孩或者欺负过自己的男孩带有强烈的厌恶感。男孩会轻视或者敌视那些外貌或者性格不合自己心意的女孩。

设想答案1

“有。”或者“××。”

孩子可能今天在学校跟××吵了一架，或者最近看××不顺眼，又或者被××看不起或欺负过。无论是哪一种情况，都不是好事。特别需要指出的是，如果孩子每次都因为一些鸡毛蒜皮的小事而讨厌××，那么孩子本身也有自己的问题。

应答诀窍

首先要了解孩子讨厌××的原因，这样妈妈可以根据不同原因给出不同的应对方案。如果孩子的回答是“××很烦人（很脏、很呆、没人喜欢等具有贬低意味的语言）”，那么妈妈就要正确地引导孩子。要用坚决的语气对孩子说：“与讨厌有缺点的孩子相比，理解并接受他们不是更好吗？”父母有责任从小教育孩子理解并尊重弱者或者社会弱势群体。但是，如果孩子给出的原因是“他们讨厌（看不起）我”，那么父母就需要通过详细的提问来了解孩子的具体情况。

✔ “为什么讨厌××呢？能具体说说吗？”

✖ “是，妈妈也觉得××很一般。”

设想答案2

“没有。”

这是一个值得安心和开心的回答。能够和朋友保持良好关系的孩子往往没有讨厌的朋友，即使是异性朋友，也是如此。在与异性朋友交往的过程中，孩子不会让对方感到不快或者受到伤害，也能够比较宽容地接受他人的言行，这种能力是良好的社交技术，能够让孩子在社会交往中游刃有余。

应答诀窍

心里没有憎恨的人是幸福的。当然，不被别人憎恨也很重要。如果孩子说“虽然××很讨厌，但我还不至于恨他”，这也是值得肯定的。生活中，许多事情都可能引发厌恶情绪，但是不把它发展成为憎恨、敌视、蔑视等极端情绪，这表明孩子具有一定的自我调节能力。

✔ “你说没有讨厌的女孩（男孩）真是太好了。”

✖ “是啊，讨厌一个朋友是不好的。”

设想答案3

“女孩（男孩）都讨厌。”

这是厌恶异性的表现。这样的表现更多地发生在女孩身上。这主要是因为有的男孩看起来很邋遢，或者说话粗俗、言行过激。相反，有些男孩会说女孩自私、有心计，有时还会被女生集体欺负。

应答诀窍

没有说出具体姓名，只是对男孩或者女孩做出了否定，这个时候妈妈需要纠正孩子的想法。如果女孩说“男孩身上的汗味儿很大”，那么妈妈要对她说“因为男孩比女孩活动量大，所以才会这样，但干净的男孩也很多啊”。有时孩子也会提出异性受到的差别化待遇。如果孩子说“老师对女生总是笑眯眯的，却总是批评男生”，那么妈妈就要解释“难道不是因为男生捣乱才那样吗”。

✔ “能告诉妈妈为什么那样想吗？”

“那样不行。男女都一样是朋友。”

10～12岁孩子对谈话没有回应的时候怎么办?

01 不要强迫，理解万岁

这一时期的孩子都有自己的逻辑，所以力量和权威压制对他们来说效果越来越小。父母需要说服孩子，孩子需要接受父母的合理建议。

02 首先要对提问的原因进行说明

妈妈要首先向孩子说明提出这个问题的原因。原因可以归纳为两个，一是“妈妈希望更好地了解你”，二是“妈妈想帮助你，让你的内心更加幸福”。

03 父母要最大限度地倾听孩子的话

在亲子对话正式开始后，父母就要最大限度地去倾听孩子的话。很多父母谈到一半就忍不下去，最后只是把自己想说的话说了出来，孩子只能从始至终地倾听。

04 千万不要发号施令

想对孩子说的话要尽量用引导或者建议的方式表达出来。这一时期孩子想从父母那里获得尊重的欲望十分强烈。发号施令很容易引起正面冲突。

05 不要表现得过于激动

绝不要因为情绪激动而大喊大叫。越是这样，孩子反而越想回避。

关键词 05

困难

你的孩子正在经历着什么困难吗?

困难是和挫折类似的一个关键词。相比而言，挫折主要强调的是无法完成主要目标任务或者经历失败，而困难主要强调的是心理上的痛苦或者吃力。孩子会因为各种压力而经受心理上的折磨。事实上，当有孩子说自己有压力的时候，有不少父母会说“小孩子有什么压力啊”。这种情况说明父母对孩子理解不够或者很难觉察到孩子的压力。

孩子很明显也会受到压力。所谓“压力”就是当我们的身体和心理上受到各种伤害和刺激的时候引起的若干生理反应，令身体和心理都陷入紧张状态中。特别是这一时期的孩子会因为和朋友的争吵或者竞争，与父母兄弟姐妹或老师的矛盾，过度的学习负担，无法达到父母期待的成绩等而受到压力。与之前相比，产生压力的重要因素有了明显的变化。也就是说，在满4岁之前，孩子产生压力的重要因素来自如何懂得大小便、如何学说话以及与兄弟姐妹之间的竞争等。4 ~ 6岁的孩子由于要培养正确的生活习惯和适应新的环境和人而感到困难。7 ~ 9岁的孩子会因为要适应学校生活，培养正确的学习态度以及建立和同龄人的关系等而感到压力。总之，与这些相比，10 ~ 12岁的孩子要面对更多、更大的困难。

与大人不同，孩子不太清楚自己产生压力的原因，或者无法用语言表达出自己的心理状态，所以他们的压力状态会以多种方式表现出来。根据孩子受到压力时的各种表现，按不同领域可以分为以下几类。第一，身体表现。受到压力的孩子会经常说自己头疼、肚子胀、肚子疼、头晕等，有时候还会抽搐。第二，行为表现。注意力不集中，行为散漫或者过激，有攻击性行为等。第三，生理表现。受到压力的孩子会失眠或者嗜睡，做噩梦，食欲下降或者暴饮暴食等。第四，情绪表现。受到压力的孩子会有不安、焦躁、心烦、忧郁、无力、欲望降低等表现。有的孩子会具有以上所有表现，而有的孩子只是表现出其中的一两种。

父母对于孩子的变化要敏感。如果有一天孩子说“不想活了”或者“烦死了”这样的话，或者出现揪自己头发、咬自己指甲等异常行为时，父母一定要引起重视。父母的任务就是要帮助孩子缓解压力，这一点一定要记住。

孩子的压力表现检查表

01 孩子的话突然变少

02 孩子变得比以前更加散漫

03 出现毫无原因的头疼、肚子疼等症状

04 写作业的速度变慢

05 常常忘记日常的作业或者准备用品

06 与他人的对视减少

07 饮食的量或爱好发生了变化（例如，只吃甜食）

08 睡眠的质量和时间发生了变化（例如，常常做梦）

09 对父母的态度叛逆

10 情绪的起伏变大

结果对照

如果孩子身上表现出1～2个症状就是初期，需要父母细心地观察和关注。

如果孩子身上表现出3～5个症状，那表明孩子有可能受到了轻度压力，需要父母介入。

如果孩子身上表现出6～7个症状，那表明孩子有可能受到了中等程度的压力，需要专业人士的帮助。

如果孩子身上表现出8～10个症状，那就表明孩子正在承受严重的压力，必须有专业人士介入。

Q17

什么事情让你感到辛苦?

父母大概都见到过孩子常常念叨“辛苦”。出现这样的情况时，父母一定要问问孩子因为什么事情感到辛苦。孩子虽然好像在自言自语，其实他们的最终目的是希望得到父母的关注。当孩子主动告诉父母令自己感到辛苦的事情时，他们可以感到自己内心变得坚强，同时也获得了战胜困难的勇气。

设想答案1

“学习辛苦。”

这是十分正常的回答。孩子的年级越高，学习量越大，难度当然也就越大。但是，让孩子感到学习既辛苦又困难的更大原因是白热化的竞争，还有隐藏在这之后的父母的期待。

应答诀窍

告诉孩子不是只有他一个人感到学习很辛苦，其他的孩子也是一样。如果父母表现出一副“为什么只有你觉得辛苦呢”这样的表情，那就等于批评或指责了孩子，毫无实际作用。孩子只是对父母的提问做出了实在的回答，可父母却表现出一副厌恶的表情。这样一来，孩子今后就会干脆回避与父母谈话。所以，承认了学习很辛苦这个事实之后，再向孩子提出一起找找减轻学习压力的方法，这是智慧的表现。

✔ “原来我们廷书觉得学习很辛苦呀。好吧，大概很多孩子学习起来都会感到很辛苦的。”

✖ “学生当然就要学习，有什么辛苦的？”

设想答案2

“妈妈的唠叨。”

这是个令妈妈有些慌张的回答。“不是，我唠叨得有那么厉害吗？都是一些为你好的话，怎么就成唠叨了……”寒心、悲伤的情绪瞬间涌了上来。但是孩子为什么会这样说，这是个可以好好考虑一下原因的机会，多花点儿心思在这上面吧。如果孩子回答“爸爸批评我的时候”，对于这个回答，孩子的主观感受要比爸爸的客观行为更重要。

应答诀窍

有时我们需要充分地接受孩子的表现，再进一步说，承诺按照孩子期望的去做，这种态度是非常有效的养育方法。这就是所谓的“感动育儿”。如果没有提前进行这样的思考，大概父母听到这个回答之后十有八九都会说出：“什么？妈妈什么时候那么唠叨了？”如果孩子听到妈妈这样说之后马上站住并表现出愧疚还算是幸运，可如果孩子觉得跟妈妈还真是无法沟通，那么这次和孩子的对话就以失败告终了。

✔ “听妈妈唠叨就那么辛苦吗？从现在开始，妈妈尽量少唠叨一些。”

✖ “妈妈怎么唠叨了？”

设想答案3

“没有朋友。”

这是个令人担心的回答。这个时期是应该和朋友一起快乐生活的时期，但孩子却说没有朋友，父母会担心孩子因此而感到辛苦。这个强度比因为学习或者妈妈唠叨而感到辛苦又上升了一级。以前有没有朋友，或者从一开始就没有过朋友，父母要根据这两种情况想出不同的应对方法。

应答诀窍

首先要用语言安慰孩子。接下来与孩子进行多次谈话。详细了解并且确认孩子从什么时候开始变得没有朋友，发生过什么事情等。父母需要考虑孩子是否受到过集体欺负或者学校暴力。如果孩子是由于自身的问题而一直无法好好和朋友交往，那就趁这个机会给孩子提供改变自己的动机吧。告诉孩子：“没有朋友你也很辛苦吧？趁这个机会学学和朋友相处的方法吧。”在家多做练习，同时也可以去寻求一下专业人士的帮助。

✔ “听说你没有朋友妈妈很难过。从什么时候开始没有朋友的？”

✖ “为什么现在才说呢？应该早点儿告诉妈妈呀。”

设想答案4

“没有什么感到辛苦。”

这是真的吗？惊讶之余也很开心。如果孩子真的没有什么困难那是多么幸运！如果孩子为了怕妈妈担心而说假话，那么他就是一个孝子；如果孩子因为担心听到妈妈说一些自己不爱听的话而说假话，那么他就是一个好演员。另外，有些心理发育比较晚的孩子在某些困难面前还比较幼稚，所以孩子在做出回答的时候，父母要仔细观察他们的表情。

应答诀窍

首先再问一次孩子的想法。孩子在稍作思考之后会再次回答。不过，如果孩子的态度有些神经质，回答说“我说了真的没有”，那就意味着他认为现在与妈妈进行的对话没有必要进行下去。这个时候只能把这个问题暂时搁置。既然孩子已经说了没有什么感到辛苦，那就在旁边看着孩子好好地生活和成长吧。但是，父母一定要敏锐、热情地观察孩子，及时发现孩子的异常情况，让他更加快乐地成长。

✔ “即使这样，哪怕有一点点让你感到辛苦的事能告诉妈妈吗？”

✖ “你别看妈妈，实话实说吧。”

Q18

你什么时候会感到伤心？

关于伤心这种情绪来问问孩子吧。因为过度伤心有可能会变为抑郁症。还要问问孩子有没有心情低落的时候。孩子不是不承认自己伤心或者忧郁，而是很多时候他把伤心这种情绪看作心情不好、心情低落等。

设想答案1

“偶尔。”

很难确认孩子如何感觉和表述伤心这种情绪。伤心与其他情绪一样看不见、摸不着，但是，无论孩子感受到的情绪是什么，只要他说自己很伤心，父母就要给予认同。重要的是了解孩子感到伤心的频率和强度，以便找到有效的方法让孩子尽快摆脱伤心情绪。

应答诀窍

绝不要给孩子“你为什么伤心”“你有什么值得伤心的”等类似的反应。因为这与强迫孩子不要伤心没有区别。因此，理解并掌握孩子伤心的程度是现实的解决方法。父母要通过提出几个问题来了解孩子的伤心程度。如果能够了解导致孩子伤心的原因，就能有效地帮助孩子摆脱伤心情绪。

✔ “能告诉妈妈你什么时候觉得伤心吗？伤心的时候比高兴的时候还多吗？”

✖ “你有什么伤心的？”

设想答案2

“没有。”

这样回答的孩子很可能把伤心这种情绪想得很特别。不过孩子说自己没有伤心过这件事是非常幸运和令人高兴的。有些孩子会把心情低落、心情不太好或者心烦等感觉纳入伤心的范畴，而有的孩子只把流泪、难过等看作伤心。

应答诀窍

父母最好能够把自己的安心表现出来。接下来再向孩子确认一下有没有类似的情绪状态。问问孩子“即使没有伤心那么严重，那有没有过心烦或者心情低落的时候呢”。如果孩子说“没有过”，那就表明孩子近来的心情真的很好。当然，妈妈需要在平时多关注孩子的表情肢体语言等。如果孩子的表情凝重、心情烦躁但还是这样回答，那表明孩子不想和妈妈继续谈话。这时妈妈就用这句话来结尾：“你没有伤心的时候真是太好了。心烦或者苦闷的时候也没有吗？”

✔ “你没有伤心的时候真是太好了。也没有过心烦气躁的时候吗？”

✖ “你怎么每次都说‘没有’或者‘不知道’呢？”

设想答案3

“每天都伤心。”

如果孩子给出了这样的回答，父母一定要引起重视。虽然偶尔也会有父母认为孩子和大人不同，没什么伤心的事情，但并非如此。如果伤心程度严重或者持续时间长，就可能会导致儿童抑郁症。孩子伤心的原因之一是感到自己失去了什么，父母要找到孩子伤心的根源，采取有效的应对措施。

应答诀窍

接受孩子的伤心情绪，找到孩子伤心的原因，并让孩子摆脱伤心情绪。重要的是妈妈一定要告诉孩子“妈妈会帮助你从伤心之中走出来”。这一时期孩子感到伤心的原因大概有以下几种，成绩突然下降，朋友关系恶化，从父母那里得到的正面反应（表扬、肯定、理解、爱、关心等）减少等。

✔ “艺璨觉得什么事情会让你感到伤心呢？你伤心的时候都干些什么？”

✖ “小学生怎么能每天都伤心呢？有没有什么妈妈不知道的事？”

设想答案4

“不清楚。”

有相当一部分的孩子不太清楚自己的情绪。这样的孩子看起来很理性，这往往受到父母很大的影响。特别是当父母一直以来都把不耐烦、愤怒、不安、伤心、厌恶等负面情绪的表达视为禁忌的话，孩子在某一刻就会忘记怎么去感受自己真正的情绪。另外，对观察自己情绪状态这件事本身感到厌烦的孩子也会给出这样的回答。

应答诀窍

这是对于伤心的婉转表达。所以再问孩子一次，引导孩子认知自己的情绪，我们要承认，快乐和伤心都是孩子常常感受到的情绪，重要的是孩子能否把自己的感受用语言表达出来。所以当孩子说“妈妈，我有点儿伤心”，“妈妈，我心情有点儿奇怪”的时候，妈妈一定要认真、耐心地倾听。

“你的感情很细腻。想想什么时候伤心、什么时候快乐吧。”

✖ “你的心情如何你为什么不知道？喜欢？厌恶？”

Q19

你有感到不安的时候吗？

不安和担心也是这一年龄孩子常常会经历的情绪。不安主要是指情绪本身，担心可以说是与几种不安的情绪相伴随的思维形态。当孩子担心某件事的时候，很少会微笑。特别是当孩子眉头紧皱或者表情紧张的时候，父母要问问孩子现在是否感到不安或担心。

设想答案1

“没有。”

从孩子没有感到过不安这一点来看，孩子最近的情绪状态是比较平稳的。不过重要的是要确认孩子真的没有感到过不安。有的孩子认为如果承认自己感到不安，就会伤害自尊心。父母要告诉孩子真正的勇气是能够正确认识到自己的不安，以及积极地进行应对。

应答诀窍

用怀疑的眼神看着孩子并对他说：“真的没有感到过一次不安吗？”同时，要告诉孩子每个人都会感到不安，重要的是诚实地告诉妈妈。如果孩子用带有挑战意味的话反问妈妈“不安到底是什么”，妈妈不要慌张，要向孩子解释不安的具体表现，如果他出现这些情况，妈妈可以帮助他。

✔	✖
“我们艺璨没有过不安的时候真是太好了。看来最近心情不错啊。” “以后如果有不安的时候，一定要告诉妈妈。妈妈会帮助你的。”	“真的一次都没有过吗？”

设想答案2

“我总是不安。”

“什么？我们孩子这么不安吗？怎么能说总是不安呢？”父母听到这个回答后，多少会有些怀疑或者瞬间充满了危机感。但是，既然孩子已经给出了这个回答，那么父母就需要努力去掌握让孩子感到不安的对象、不安的程度、不安开始出现的时间、令不安恶化的重要原因等。

应答诀窍

先承认孩子的不安状态，然后再问问孩子为什么感到不安，从什么时候开始不安，最令他不安的是什么等。当孩子无法好好做出回答时，父母也可以缩小提问范围。如果孩子的不安已经严重到对日常生活产生一定影响，或者令孩子感到非常辛苦，那么父母就需要带孩子去医院咨询了。

✔	✖
“是吗？总是不安的话得有多辛苦啊！妈妈来帮助你。” “因为什么感到不安？从什么时候开始的？”	“你有什么不安的？因为学习吗？”

设想答案3

"考试的时候。"

有的孩子在考试的时候会感到不安。虽然谁都会感到些许的不安，但是不安到如此程度反而会影响考试时的发挥。因为他们在学习的时候会由于担心结果而无法集中注意力，考试的时候也会因为紧张而犯错或者忘记本来知道的内容。当然，对考试无所谓的孩子也存在问题，这样的孩子对学习缺乏热情和动力，很难取得理想的成绩。

应答诀窍

告诉孩子，他的问题不单单局限于他自己而是适合于所有人。之后再对孩子提出以下问题。"怕成绩不好，所以不安吗？""怕考不好被妈妈批评，所以不安吗？"……如果孩子给出了肯定的回答，那么妈妈就要想办法消除孩子的不安。妈妈要对孩子说："从现在开始，即使考试没考好妈妈也不会批评你的。""学习过程比考试结果重要得多。"……当然，妈妈在说这些话的时候一定要真诚，这样才能让孩子真正安心。

✓ "是吗？实际上谁都会在考试前感到不安的。"

✗ "好好考试不就行了吗。为什么要担心这个？"

设想答案4

"犯错的时候。"

这个回答表明孩子是有羞耻心的。当孩子犯错时，他会产生负罪感，害怕父母的指责，因而会感到不安。孩子在犯错时感到不安表明他在平时接受父母的教诲。就好像自己犯的错父母都知道一样，孩子的这种感觉能有效地防止他做出错误行为。

应答诀窍

向孩子说明感到不安的原因。"正因为普通人在做错事时会感到不安，从而对自己今后的行为有所约束；那些犯了错而完全没有感到不安的人却很容易一错再错，甚至成为罪犯。""如果你因为一点小小的错误而感到深深的不安或者负罪感，那么一定要告诉妈妈。不然你会非常难过和辛苦的。"

✓ "是吗？犯错时会感到不安，说明廷书是有羞耻心的。"

✗ "既然如此，你为什么犯错呢？"

Q20

你什么时候会生气?

生气或者愤怒也是孩子最常经历的情绪。每个孩子生气的对象和情况都不同。父母了解到孩子主要在什么情况下、对什么事情感到生气十分重要。因为在这个过程中父母可以培养孩子调节愤怒能力。

设想答案1

“被批评得很委屈的时候。”

就好像一直在等着妈妈问一样，孩子很快给出了回答。站在孩子的立场上，他们有过这样感受的时候非常多。我在和小学高年级的孩子谈话时常常听到他们说：“妈妈（爸爸）根本不知道怎么回事，不分青红皂白上来就先批评。”如果孩子想做出解释，妈妈就会变本加厉地批评，孩子的内心非常愤怒，也会做出破坏性行为。

应答诀窍

孩子的委屈大概有两种。一种是自己认为这件事不应该被批评却被批评了，另一种是挨批的程度超出了自己的预想。爸爸妈妈也是人，因此难免会有失误或者做出错误判断的时候，听完孩子的话之后，如果认为他说得没错，那么就向孩子道歉或者请求孩子的原谅，只有这样才能解开孩子的心结。

✔
“原来有过这样的时候啊。”
“能告诉妈妈什么时候这样过吗？”

✖
“因为你做错了妈妈才说你的呀，你有什么可委屈的！”

设想答案2

“无论怎样妈妈都说‘不行’的时候。”

在孩子心中，妈妈是一个对自己过分控制和支配的人，所以孩子平时对于妈妈的养育行为和态度有很多不满。上小学之前，孩子可能马马虎虎就一直顺从地过来了，但随着进入小学高年级，孩子渐渐由害怕和敬畏转变为不满和反抗。孩子想知道妈妈说“不行”的理由是什么，再进一步考虑是否接受妈妈的理由。

应答诀窍

妈妈很可能已经忘记了当时的具体情况或者对话内容，因此依靠孩子的记忆来回想一下已经过去的谈话情景吧。孩子叙述的时候，妈妈可能会一不留神就进行辩解。即使妈妈给了理由，孩子可能也会认为不够充分。从现在开始把孩子看成一个大人，“我家孩子已经长这么大了啊”，以后带着这样的想法对孩子进行解释和说服。如果父母和孩子之间没有信任和亲密感，就不可能完成真正的教育任务。

✔
“妈妈这才知道自己太苛刻了。真是对不起，今后妈妈一定多鼓励你。”

✖
“因为不能做，所以才不让你做的呀。”

设想答案3

"所有东西都让我生气。"

孩子心中充满了愤怒和厌烦。这是个红色警告。到底是什么原因让孩子总是生气呢？观察一下孩子的周围也许会找到答案。想一想妈妈和爸爸、一起住的家人、在学校或者课外班遇到的朋友、老师等，再想一想正在学习的课程或正在挑战的任务等，这些都是当前摆在孩子面前的人和事物，很明显孩子正在由于其中的某些因素而承受着压力。

应答诀窍

假如真的如孩子所说对任何事都会生气的话，那表明孩子的每一天都过得很辛苦。妈妈大概会带着慌张的心情问孩子"你都对什么感到不满呢"，这样做并不明智，反而容易让双方都更加生气。不过千万不要问。这个时候妈妈应该仔细分解孩子口中所说的"所有东西"，最让他生气的是什么，第二和第三让他生气的是什么，从什么时候开始这样的，生气的程度等，只有了解了这些妈妈才能准备对策。

✔ "什么让你生气——告诉妈妈吧，妈妈来帮助你。"

✖ "不满那么多呀？你有什么不满的？"

设想答案4

"没有。"

听到孩子的这个答案，妈妈大概会长出一口气。是的，愤怒会吞噬孩子的灵魂。孩子内心的愤怒越少，他的人生就会越平静、越安稳。假如孩子说的是真话，那就表明孩子近来过得很好；假如孩子说的是假话，那么把他平时的言行和回答这个问题时的表情结合起来大概就会推断出来。

应答诀窍

孩子现在的心理状态很稳定，这让妈妈感到开心。接下来再给孩子解释愤怒的属性，即愤怒这种情绪会瞬间产生，然后随着时间流逝一起消失，是一个很自然的过程。特别是由于一些小刺激引发的愤怒更是如此。孩子已经长大，他们应该能明白愤怒的属性，努力让自己成为一个不爱生气的人。一个不爱生气、性格温和的人将拥有更加美好的人生。

✔ "太好了。大概即使生气也会很快化解的。"

✖ "是啊，你哪会有什么值得让自己生气的事呢？"

致　谢

在本书的翻译过程中， 我得到了尚玉河、赵杏芬、孙鹤云、王保蕴、焦纪华、靳琳、和芬、赵平芬、王书勇、宋梦君、尚京、汪俊、尚彦汝 、韩丽辉等人的帮助，在这里我一并表示感谢。